# 憲法の正論

西 修
Nishi Osamu

産經新聞出版

憲法の正論

◆目次

## 序章　今こそ憲法改正へ歩みを進めよ



## 第1章　間違いだらけの憲法論議

## 第2章 「歴史の証人たち」が語る日本国憲法

## 第3章 9条への正論



## 第4章 憲法改正を阻むもの

## 特別収録 私の原点

# 序章

# 今こそ憲法改正へ歩みを進めよ

## ノンポリだった学生時代

私が大学へ入った1960（昭和35）年4月は、日米安保条約改定のまっただ中にあった。授業はほとんど休講、校舎の入り口には机と椅子でバリケードが築かれ、学内には、「日本共産党○○細胞」「フロント」「社学同」などと書かれた立て看板が林立し、その前で「安保反対！」「岸を倒せ！」「憲法を守れ！」などの声がこだましていた。

私は、安保騒動のころ、左手に「朝日ジャーナル」、右手に「少年マガジン」をかかえる類のノンポリ学生だった。ただ、圧倒的多数の識者が安保反対を唱えるなかで、やや遅れて論壇にデビューした高坂正堯《まさたか》・京都大学助教授が「現実主義者の平和論」（『中央公論』63年1月号）を発表、情念的な平和論を批判した。私は、この論稿に鮮烈な印象を受け、その後の私の平和論、憲法論の起点になった。

私が学部で過ごした最初の2年間は、勉学の徒とはほど遠い存在だった。転機になったのは、3年生になって清水望《のぞむ》先生のゼミナールに参加してからだ。清水先生の専門はドイツ憲法論だが、私は、独立後それほど年月のたっていない東南アジア諸国の政治制度に関心をいだいた。和書で適当な文献がなく、コーネル大学から出版されていた“*Governments and Politics of South East Asia*”という分厚い英書に取り組み、「東南アジアの政治制度」というゼミ論を作成した。この過程を通じて、知ることの楽しさ、目標を達成したときの充実感を味わい、もっと勉学に励みたいという意欲がふつふつと湧き上がってきて、大学院を受験した。

大学院では、清水先生の師である大西邦敏先生の研究室で学んだ。大西先生は、憲法・比較憲法の権威であり、すでに56年6月に設置された内閣の憲法調査会委員として活躍されていた。

## 宮澤憲法学に違和感

大西先生が修士課程の講義で使用されたのは、宮澤俊義・東京大学法学部教授の『コンメンタール　日本国憲法』（日本評論新社）である。同書を通じ、自説と宮澤説との違いを説明された。たとえば、宮澤教授は、天皇は明治憲法とは異なり、行政権をもたず、統治権の主要な部分を有していないので、わが国は共和制になったと断じる。

## 宮澤俊義氏が唱道した8月革命説

1945（昭和20）年8月14日、日本国政府は『ポツダム宣言』を受諾した。同宣言の受諾により、日本国政府は、天皇主権から国民主権への移行を受け入れたことを意味し、いわば法的な意味の「革命」が生じたという考え方。日本国憲法の「押しつけ性」の否定、「有効性」の根拠などの説明に用いられる。これに対して、「革命」というフィクションをもち出して、ＧＨＱ（連合国総司令部）主導の憲法の成立経緯を隠蔽するものである、などの批判を提起する声も多い。

これに対して、大西先生は、当時の全君主国家の憲法典を精査し、民主主義体制が定着しつつある諸国にあって、実質的な統治権をもたなくても、君主国であることを憲法で明記している国家は数多《あまた》あり、天皇が世襲制の独任直接国家機関であること、日本国および日本国民統合の象徴としての地位とそれにともなう任務を有することなどにかんがみ、わが国が立憲君主制であることは明確であると論断された。

私は、この学説の違いを興味深く観察し、比較憲法の視点に立った広い視野からの憲法解釈の重要性を認識した。こんにち、わが国が立憲君主国家であることは国際社会の常識であり、国内においてもほぼ異論はない。宮澤憲法学が戦後憲法学の主流を形成しているが、虚構の上に構築された「8月革命説」も含め、私は研究の出発点から宮澤学説に違和感をいだくことになった。

私が博士課程在学中、アフリカや中東諸国の国際関係史の専門家、浦野起央《たつお》・日本大学助教授（当時）の勧めで雑誌『月刊アフリカ』へ約1年間にわたり、60年代に独立したばかりのアフリカ諸国の憲法を紹介した。それぞれの憲法の特色を知るには、宗主国のイギリス、フランス、ベルギーなどの憲法を研究する必要があり、その影響度と独自性を探求したことはきわめて有意義だった。

浦野先生とは、その後、憲法資料体系として、『中東』、『アジアⅠ～Ⅲ』、『アフリカⅠ～Ⅳ』（いずれもパピルス出版）を刊行し、これらの地域のほぼすべての憲法を翻訳、概説した。所収した憲法典（憲章などを含む）の数は新旧合わせて299に及ぶ。非先進諸国の憲法集として、非常に貴重な資料といえるはずだ。

こうして、アジア、アフリカ諸国憲法体制への接近が、私の憲法研究の原点となった。

## 自衛戦力の保持は合憲と主張

私は博士課程の単位取得後、70年に防衛大学校人文科学教室へ専任講師として奉職した。そこで気づいたことは、公法学の研究領域として、防衛法制がほとんど対象とされていないことだった。もっぱら自衛隊は憲法違反かどうかが問われ、そこで議論が止まっていた。

自衛隊はすでに54年7月に発足し、防衛庁設置法と自衛隊法のいわゆる防衛二法が施行されてから16年をへようというのに、これらの法体制を解説した一般書は見あたらなかった。

防衛大で勤務し、防衛二法の制定にかかわった人たちや関連文書に接する機会が多かったということもあり、同大学校の在職最終年時に宇都宮静男・防衛大教授と共著で『口語防衛法』（自由国民社、74年1月）を公刊、また駒澤大学へ異動したのち、『国の防衛と法』（学陽書房、75年1月）と『自衛権』（学陽書房、78年1月）を出版した。防衛二法の成立経緯、防衛組織、隊員の服務、罰則、自衛隊の行動および権限などを概説し、その問題点を指摘した。

わが国は、防衛法制上、さまざまの問題点があるが、その根源は、政府の9条解釈に帰着する。政府は、周知のように、9条はいかなる目的であっても、「戦力」の保持を禁じ、自衛隊を「戦力」にあらざる「自衛力」との解釈をとっているため、自衛隊をいたってあいまいな存在にしてきている。

9条は、以下のごとくである。

「日本国民は、正義と秩序を基調とする国際平和を誠実に希求し、国権の発動たる戦争と、武力による威嚇又は武力の行使は、国際紛争を解決する手段としては、永久にこれを放棄する。

前項の目的を達するため、陸海空軍その他の戦力は、これを保持しない。国の交戦権は、これを認めない」

私は、前記『国の防衛と法』で、大要、以下の理由により、自衛戦争、自衛のための武力行使および自衛戦力の保持は合憲であるとの解釈を示した。

第1に、9条の成立経緯を整理すれば、①日本国憲法の原案たる『マッカーサー・ノート』(46年2月3日)には、「自己の安全を保持するための手段としての戦争」、すなわち自衛戦争の放棄が明記されていたこと、②2月13日に日本側に提示された『マッカーサー草案』には、この部分が削られていること、③衆議院の審議で、いわゆる芦田修正(「前項の目的を達するため」)が加えられたことによって、自衛戦力の保持が可能になったこと、④それにともない、貴族院で66条2項の文民条項(「内閣総理大臣その他の国務大臣は、文民でなければならない」)が強引に導入されたこと、⑤この時期にあっては、総司令部内で日本が「ディフェンス・フォース」(防衛軍)をもつことを当然視する空気が支配的だったことが明白に看取され、当初の自衛戦争放棄の考え方が自衛戦争と自衛戦力の保持を認める方向に変わってきた。

**パリ不戦条約１条**

（「戦争放棄に関する条約」1928年8月締結）

締約国は、国際紛争解決のため戦争に訴えることを非とし、かつその相互関係において国家の政策の手段としての戦争を放棄することをその各自の人民の名において厳粛に宣言する。

この条約の提案者の一人、米国務長官のフランク・ケロッグは、1928年6月、日本を含む加盟各国に対して、つぎのような文書を送った。「自衛権は、すべての主権国家に固有のものであり、すべての条約に暗黙に含まれている。すべての国は、いかなるときでも、また条約の規定のいかんを問わず、自国領域を攻撃または侵入から守る自由をもち、また国家のみが、事態が自衛のための戦争に訴えるか否かを決定する権限を有する」

第2に、比較法制上、1項の「国際紛争を解決する手段としての戦争、武力による威嚇又は武力行使の放棄」条項は、1928年のパリ不戦条約と1945年の国連憲章に淵源し、またイタリア（1947年）、ソマリア（1960年）およびエクアドル（1967年）の諸憲法にも同様の規定があり、そこでは、放棄しているのは侵略を目的とする戦争や武力行使であって、自衛戦争や自衛のための武力行使まで放棄しているとは解されていない。

第3に、文理上、2項冒頭の「前項の目的を達するため」とは、1項全体の精神、すなわち国際平和を誠実に希求するために、侵略行為をおこなわないという目的を意味し、自衛戦力の保持が禁止されるとは読みとれない。

第4に、平和との関連で、自衛戦争や自衛のための武力行使を認めなければ、かえって前文でいう「われらの安全と生存を保持しようと決意し」、「平和のうちに生存する権利」を保全しえないと考えられる。

この解釈は、いまから44年前に発表したものであるが、その後、連合国総司令部（GHQ）にあってマッカーサー草案を起草した中心人物、チャールズ・ケーディスとのインタビュー、極東委員会での審議録の分析、各国の憲法動向の調査を通じて大いに補強され（後述）、その正当性がますます証明されたことに自信をもつにいたっている。

## タブーにふれて野党を刺激

大西邦敏先生の薫陶を受け、比較憲法の研究に勤しみ、74年7月に成文堂より『現代世界の憲法制度』を上梓した。6章にわたるが、そのうち第5章「各国憲法にみる非常事態対処規定―非常事態宣言、非常措置権、緊急命令、戒厳令を中心として―」の論稿は、当時の130余の憲法を対象にして、文字通り、各国憲法が国家の存立にかかわる非常事態に直面した場合、いかなる対処条項を設けているかを比較・分析したものである。結論的には、ほとんどの憲法には非常事態対処規定が設定されており、同規定を欠く日本国憲法の異様性が浮かび上がった。

この時代、いまだこの種の問題にふれることはタブー視されており、同論稿は『防衛大学校紀要』第25輯（72年9月）に発表したものを著書に所収したのであるが、国会において野党から、防衛大学校紀要にこのテーマの論稿を掲載したことを問題視する発言があったという（このとき私は駒澤大学へ移っており、喚問などはされなかった）。

このような各国憲法の比較を通じて、日本国憲法の問題点を摘出するという私の方法論が産経新聞社の目にとまり、徴兵制が各国憲法でどのように取り扱われているかを調べてほしいという依頼を受けた。政府は、徴兵制は13条の「個人の権利の尊重」と18条の「その意に反する苦役」に反し、憲法違反であるという解釈をとってきている。

私は、18条と同じ規定をもつ米国の判例や165か国の憲法を調査し、国際社会では、徴兵制は「その意に反する苦役」（「強制労役の禁止」を含む）に該当しないとの結論を得た。政府解釈の狭隘《きょうあい》さが明白になった。私は、産経新聞社の月刊誌『正論』1981年6月号の「徴兵制は苦役か　世界各国憲法にみる兵役の規定」という論文でそのことを指摘した（本書「特別収録・私の原点」に所収）。

なお、2015（平成27）年6月19日に限定的な集団的自衛権を合憲とする百地章《ももちあきら》教授と私が日本記者クラブで記者会見にのぞんだおり、記者から徴兵制に関する質問があった。二人とも、政府の解釈に疑念を呈したところ、同年8月2日付の毎日新聞の社説欄『視点』で、私たちが「徴兵制合憲・容認」を唱えたと報じられた。まったく違う。同社に質問状を送付すると、8月8日付の紙面で「当方の思い込みと事実確認の基本動作を欠いたことにより、ご迷惑をおかけしました。お詫びして訂正します」という「おわび」が掲載された。社説欄でこのような初歩的ミスをするということは、同紙の資質が問われると同時に、自衛隊合憲、集団的自衛権容認論者を危険人物に見立てようという一部メディアの底意が感じられる一幕だった。

84年1月、『各国憲法制度の比較研究』（成文堂）を刊行した。全体が3部8章で構成されるが、第1部第1章で「平和主義と各国憲法」を取り扱った。

平和条項に関する比較憲法史的な考察をしたのち、83年の時点で平和条項を導入している64か国を抽出し、①平和を国家目標の基本としている諸国（インドなど7か国）、②侵略戦争ないし征服戦争を禁じている諸国（韓国など6か国）、③国家政策遂行の手段としての戦争放棄を規定している諸国（ベネズエラおよびフィリピン）など12の形態に類型化した。「日本国憲法は世界で唯一の平和憲法」と喧伝《けんでん》されているなかで、すでに36年前に

64か国で平和条項が設定されていることを知見しえた。

もう一つ、同書で分析した二院制の組織と権限の比較憲法史的な研究成果を紹介しておきたい。それによれば、明治憲法が制定された1889年時にあって二院制31か国、一院制8か国と二院制国が圧倒的に多数だったが、1971年時には二院制52か国、一院制56か国と一院制採用国が多くなり、83年時には二院制47か国、一院制111か国と一院制採用国が二院制採用国を凌駕《りょうが》するにいたった。

また、83年時に二院制を採用している全憲法を対象にして両院の組織、選任方法、権限関係を比較すると、両院議員をすべて直接選挙にしつつ、権限関係において、わが国のような中途半端な衆議院の優越を採用している国はなく（本書46頁囲み参照）、ここにも日本国憲法の特異性が明らかになった。それには、マッカーサー草案にあった一院制を日本側の要求によって二院制に改めたにもかかわらず、その際、両院関係の在り方について十分な詰めの協議がなされなかったことが起因する。

97年1月、比較憲法研究の一つの区切りとして、『憲法体系の類型的研究』（成文堂）を上梓した。比較憲法学を「諸国の憲法現象を類型的に比較分析することを任務とする憲法科学の一分科である」と定義づけ、世界の過去から90年代半ばにいたるまでの憲法を対象に、「憲法体系の類型化」「成立状況からみた類型」「現行社会主義憲法体制の特質」「国家形態の指標からみた類型」「憲法の運用、とくに人権保障の側面からみた分類」「憲法の変更、とくに改正からみた分類」の6章にわたり、静態的、動態的な分析を試みた。同著により、早稲田大学から98年2月、「博士（政治学）」を授与された。

そして、２０１１年3月、駒澤大学の定年時、『現代世界の憲法動向』（成文堂）を出版。同著では、新たに「１９９０年以降に制定された各国憲法の動向」のジャンルを設定し、90年2月に制定されたナミビア憲法から08年8月に制定されたモルディブ憲法にいたるまで93か国の憲法を対象に調査し、環境の権利・保護（81か国、87％）、プライバシーの権利（75か国、81％）、家族の保護（77か国、83％）、政党（84か国、90％）、国家非常事態対処（93か国、１００％）などは、わが国の憲法にはないが、80％以上もの国家の憲法に規定を有することの調査結果を得た。

そして本書を作成するにあたり、新たに4つの表を作成した（いずれも本書「特別収録・私の原点」の「世界の最新の憲法動向」に所収）。

これらの表にもとづき、日本国憲法は制定順に古い方から数えて14番目であり、70年以上も無改正は日本国憲法のみであること、平和条項を憲法に導入しているのは１６１か国（85・2％）にのぼること、90年以降に制定された憲法は１０４か国に増加したが、相変わらずすべての憲法に国家緊急事態対処条項が設定されていることなどを主唱している。

## ＧＨＱ関係者をインタビュー

私は、日本国憲法成立過程に関心をいだいていたが、在外研究として、84年4月に米国における日本国憲法成立過程研究の第一人者、セオドア・マクネリー、メリーランド大学教授のもとに拠点をおいたことで一気に進んだ。

当時、いまだ日本国憲法の成立にかかわった日米の何人かが存命で、それらの人たちの証言を得ておくことが絶対に必要だと考えた。マクネリー教授の助力も得て、ＧＨＱ民政局で日本国憲法の原案を作成した8人を含む、米国側の関係者17人にインタビューすることができた。広大な米国大陸を東西、南北へと足を運び、また一人を追ってフランスの片田舎にまで足を延ばした。非常にエネルギーのいる作業だったが、それだけに得た結果はきわめて大だった。

たとえば、前述のチャールズ・ケーディスは、マッカーサー・ノートにあった「自衛のための戦争放棄」の文言を削除したのは自分であって、自衛戦争まで放棄するのは、「非現実的」であると思ったからだと明言した。

印象的だったのは、起草者の大半が日本国憲法は40年間、無改正だったことを知らなかったという点である。自分たちが急いで作成したのは暫定的なもので、日本人の手によって、改善されているとばかり思っていたというのである。

また、渡米の前後に、日本国憲法の成立に直接、間接にかかわった約30人の日本人から聞き取り調査をおこなった。とくに終戦連絡中央事務局においてGHQと最前線で向き合った人たちへのインタビューは貴重だった。当時、同局総務部長で、のちに駐米大使を務めた朝海《あさかい》浩一郎氏のつぎの言葉は、胸に響いた。「そのころ、5歳だったあなた（西）には実感できないでしょうが、占領政策とは実に厳しいものです。国の根幹としての憲法を変えさせることは、必然だったといえます」

私はこれらのインタビューと並行して、米国国立公文書館、マッカーサー記念館、英国国立公文書館などで資料の収集にあたった。わが国でほとんど明らかにされていなかった極東委員会でのすべての憲法審議録に目を通すことに注力した。

特筆しておきたいのは、芦田修正に対する極東委員会での審議である。9月21日に熱論が交わされた結果、芦田修正によって、自衛のためならば、軍隊をもちうるようになったと判断し、シビリアン・コントロールを貫徹すべく、文民条項の導入が必要であるとの結論をくだし、マッカーサーにその旨を要請した。ここで注目されるのは、極東委員会では戦力（軍隊）保持の可能性を前提として議論が進められたという点である。要請を受けたマッカーサーは、吉田総理にその旨を伝え、上記のごとく、貴族院での審議にいたったわけである。

ここに、従来の空白が埋められたと同時に、9条と文民条項の関係の不可分性がきわめて明白になった。そして政府は、その間の事情を知らぬまま、9条と文民条項を切り離して解釈してきた。ここにこそ、9条解釈の混迷の根因がある。まさにいびつな成立過程が生んだいびつな政府解釈が形成されたといえる。文民条項については、衆議院での審議時間がゼロ分だったことがほとんど知られていない。この点がなぜ議論されてこなかったか、不思議に思えてならない。

私の前記インタビューとその概説は、2019年2月に刊行した『証言でつづる日本国憲法の成立経緯』（海竜社）に収めた。現存者はほとんどいないので、これらの証言は、歴史的にも非常に貴重なものではないかと思っている（本書第2章参照）。

日本国憲法の成立経緯に関する極東委員会での審議過程の詳細を論述した『日本国憲法成立過程の研究』（成文堂、2004年）により、日本大学から「博士（法学）」を授与された。

## 野党は改憲論議に応じるべき

私は、以上の比較憲法と日本国憲法の成立過程の研究をふまえて、日本国憲法のありようを模索してきた。憲法改正案を作成するという機関・団体からの誘いに応えて、お手伝いする機会もあった。

読売新聞社が、「憲法問題調査会」（会長、猪木正道・防衛大学校長、委員12人）を設置し、同調査会の報告をもとに、1994年11月と2000年5月、2004年5月に『改正試案』を発表した。この試案は、社内に設けられたプロジェクト・チームが作成したものであるが、委員の一人として、条文づくりに側面的に助力した。最大の新聞社が憲法改正案を提起したことにより、タブーがかなり除去されたという点で画期的だった。

また、2012年3月、産経新聞社が創立80周年の記念事業として、「国民の憲法」起草委員会を立ち上げ、田久保忠衛《ただえ》（委員長、杏林大学名誉教授）、佐瀬昌盛（防衛大学校名誉教授）、大原康男（國學院大學名誉教授）、百地章（日本大学教授）の諸氏とともに、委員に加わった。同委員会は、27回に及ぶ議論をへて、13年4月、前文と12章117条からなる『「国民の憲法」要綱』を発表した。前文に「独立自存の道義国家を目指す」ことをうたい、全体的に骨太の憲法草案に仕上がったと思われる。

私自身についていえば、『日本国憲法を考える』（文春新書、1999年3月）、『憲法改正の論点』（文春新書、2013年8月）で、考え方の筋道とその結果としての改正案の骨子を世に問うた。また、『いちばんよくわかる!憲法第9条』（海竜社、15年4月）、『世界の憲法を知ろう』（海竜社、16年6月）において、現実的かつ広い視野に立って憲法を考究する素材を提示したつもりである。

私は、日本国民の手によって、まったく新しい憲法を制定するのが最善であると考える。しかし、それは現行の憲法改正国民投票法を前提とするかぎり、非現実的である。であるならば、いくつかの条項に限定して、先行改正することが次善の策ということになる。それらの条項をあえて5つに絞り込むとすれば、①自衛隊の明記（9条の改正）、②国家緊急事態対処条項の新設、③家族の位置づけ（24条の改正）、④環境保護条項の新設、⑤健全な国家財政の運営条項の導入、ということになろうか。

それにしても、国会の憲法論議の体たらくぶりは何たることか。18年の臨時国会において、両院の憲法審査会で実質審議はまったくおこなわれなかった。読売新聞の世論調査（18年12月17日付）では、「今後の憲法審査会で、与野党が憲法改正について議論することを、期待しますか、期待しませんか。」との設問に対して、「期待する」(68%)が、「期待しない」(24%)を大きく上回っている。一部野党議員による「職場放棄」は許されないはずだ。

われわれは、国内外の諸状況を勘案し、衆知を集め、よりよき憲法改正に向けて歩を踏み出さなければならない。

(第34回正論大賞受賞記念論文、雑誌『正論』2019年3月号)

# 第1章

# 間違いだらけの憲法論議

## 憲法学者は象徴天皇の概念正せ

平成の幕が閉じようとしている。天皇陛下は、2019（平成31）年3月12日、『退位及びその期日奉告の儀』を宮中三殿でとりおこない、今後、4月30日の『退位礼正殿の儀』まで一連の退位関連の儀式に臨まれる。

天皇陛下は2月24日、『天皇陛下御在位30年記念式典』で、「天皇として即位して以来今日《こんにち》まで、日々国の安寧《あんねい》と人々の幸せを祈り、象徴としていかにあるべきかを考えつつ過ごしてきました。しかし憲法で定められた象徴としての天皇像を模索する道は果てしなく遠く、これから先、私を継いでいく人たちが、次の時代、更に次の時代と象徴のあるべき姿を求め、先立つこの時代の象徴像を補い続けていってくれることを願っています」との『おことば』を述べられた。

### 解説書と大きな落差を体感

私は、この記念式典と2月26日に催された宮中茶会に参列し、間近で拝見する機会に恵まれ、また天皇陛下のこれまでのさまざまの行動に深く思いをいたし、憲法解説書の記述とのあまりにも大きな落差を体感せざるをえなかった。

東京大学法学部教授として、戦後憲法学に大きな影響を与えた宮澤俊義氏は、その著『全訂 日本国憲法』（芦部信喜補訂、日本評論社）において、「法律または憲法で、一定の図案の旗をもって国を象徴する旗（国旗）と定める場合［と同様］、憲法が天皇をもって国の象徴と定めたのである」と論述し、天皇の象徴性を国旗になぞらえて説明している。

また憲法が、天皇は国事行為をおこなうに際して内閣の「助言と承認」を必要とすることを規定していることに関し、「ただ内閣の指示にしたがって機械的に『めくら判』をおすだけのロボット的存在にすることを意味する」との解釈を示している。

天皇の国事行為として、憲法改正、法律、政令、条約の公布、衆議院の解散、外国の大使・公使の接受などが定められている（憲法7条）。人工知能（AI）時代のこんにち、法令の公布や解散詔書などへの御名御璽《ぎょめいぎょじ》をロボットに代行させることはできるかもしれない。けれども、天皇陛下は一つ一つの法令に目を通され、みずから毛筆で心を込めて署名される。

## 形式的な存在に押し込めてきた

このようなことがロボットにできるはずはない。まして外国の大使・公使の接受や外国から招いた国賓との会見などは、ロボットにできるわけがないではないか。

宮澤教授の跡を継ぎ、同学部で憲法の講座を担当した芦部信喜氏の最新刊『憲法　第七版』（高橋和之補訂、岩波書店、2019年）は、明治憲法との比較に言及しつつ「象徴天皇制の主眼は、天皇が国の象徴たる役割をもつことを強調することにあるというよりも、むしろ、天皇が国の象徴たる役割以外の役割をもたないことを強調することにあると考えなければならない」と記述し、天皇の象徴性を消極的に捉えることに力点をおいている。

この書は、公務員試験や司法試験のためのバイブルとされている。同書は400ページを超えるが「天皇象徴の意味」については、わずか10行しか割いていない。

こうして、憲法学の主流は象徴の積極的な意味を問おうとせず、形式的、儀礼的な存在に押し込めてきた。

天皇は一人の人間として、当然に生命があり、人格があり、感情がある。しかしながら多くの憲法解説書は、それらを捨象して、いわば非人格的な物的存在として、天皇の象徴性を説明してきているといって過言ではない。

## 他の機関には代替できない存在

かつて私が連合国総司令部（GHQ）で「天皇」の章の原案を作成した2人にインタ

ビューしたおり、ジョージ・ネルスン氏は「尊厳性のある英国王」をイメージして、自分が「象徴」の語を発案したと語り、もう一人のリチャード・プール氏は「天皇に統治の実権を付与しないが、意義ある地位と役割を与えようと考えていた」と述言した。

原案作成者たちは、天皇の尊厳性と有意義性に着目していたのである。

考えてみよう。一人の人間が、長い歴史・伝統と広大な面積を有する「日本国の象徴」であり、また祖先を含めすべての「日本国民統合の象徴」であることの意味と意義を。他のいかなる国家機関によっても代替できぬ、きわめて重い存在であることが容易に理解できよう。

憲法に明記された「象徴」天皇が誕生してから、72年が過ぎようとしている。昭和天皇と今上天皇のお二人は「象徴天皇」のあるべき姿を模索されてきた。そして多くの国民によって強く支持されてきた。つぎの天皇陛下もそうであることが期待される。

憲法学者は、時代に応じた「象徴天皇」の概念を再設定すべきではないのか。

私は「日本国の象徴」に歴史を貫く一貫性の支柱であることが求められ、また「日本国民統合の象徴」には、日本国民全体を統一する体現者としての意味が与えられているのではないかと理解しているのだが。

（2019年3月26日）

## 真の日本を示す新憲法を

### 国会上に「女神像」の構図

1946（昭和21）年11月3日、東京都交通局が「日本国憲法公布記念」として発行した電車往復乗車券（金80銭）には、国会議事堂の屋上に「自由の女神像」が据えられている。また翌年5月3日に逓信省が発行した「日本国憲法施行記念」の切手シートには、1円切手と50銭切手の下に、憲法前文の抜粋が英文と日本文で掲示されているが、英文に全体のスペースの約3分の2が割かれている。

いったい、どこの国の憲法を「記念」したのだろうか。これらの記念発行物に対しても、連合国総司令部（GHQ）の関与があったのだろうか。押しつけがましく、侮辱感すらいだかせる構図になっている。

11月3日、日本国憲法公布記念日を迎えるたびに、日本国民の手からなる日本国憲法をつくり直そうという声が上がるが、何十年もそのまま経過している。内閣に創設された憲法調査会が『報告書』を発表したのは、64年7月のことである。衆参両議院に設けられた

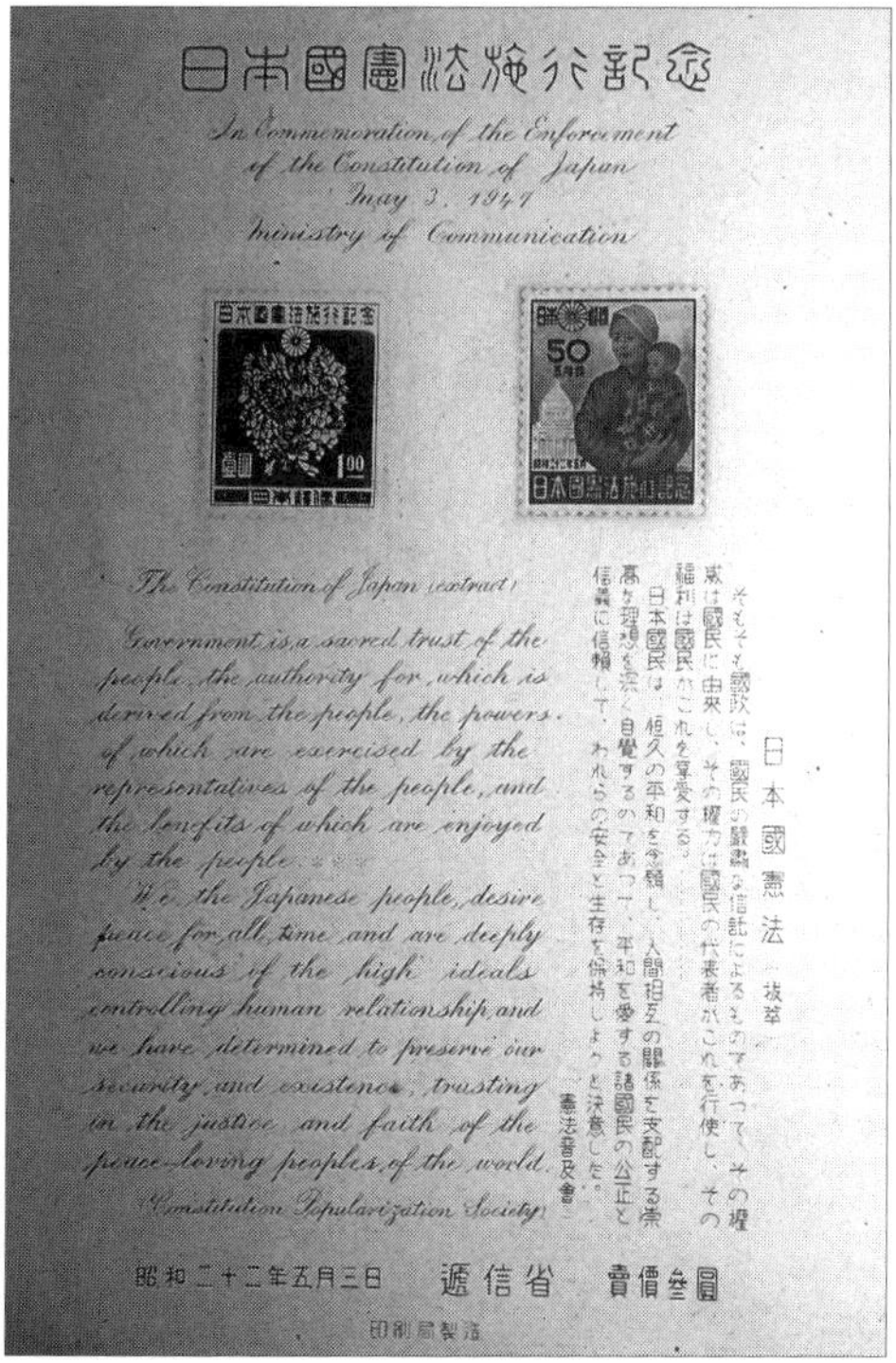


1946（昭和21）年11月3日発行の「日本国憲法公布記念」乗車券（上）と、47年5月3日発行の「日本国憲法施行記念」切手シート

憲法調査会が、それぞれの『報告書』を公にしたのは２００５（平成17）年4月のことだ。その後、07年8月には衆参両院に憲法審査会が設置され、すでに7年以上がたっている。そして14年6月20日、改正国民投票法が施行された。憲法改正の手続きは整ったのである。

本来ならば、各党から憲法改正に付すべき項目が提出され、審議されていなければならない時期である。しかしながら、そのような動きはいっこうに見られない。

衆院憲法審査会では、11月17日に岩手県盛岡市で公聴会が予定されている。公聴会で広く意見を聴取すること自体は否定されるべきでないが、憲法調査会時代から、何度おこなわれてきたことか。参院憲法審査会でも議論がおこなわれているが、堂々めぐりを繰り返しているだけで、具体的な進展はまったく見られない。荏苒《じんぜん》、時を過ごしているように感じられてならない。

憲法審査会は、日本国憲法について調査し、憲法原案を審査する機関と位置づけられている。改正国民投票法が施行された時点で、調査から、憲法原案の審査に移行しなければならないはずだ。

## まずカード並べなくては

各党は、できるかぎり早い時期に、それぞれ国民投票に付すべき原案を提示することが求められる。一部に、環境権、国家緊急事態、財政の健全化に絞るという見解があるようだが、まずは各党から、これぞと思う原案を提示すべきである。

最初からカードを限定するのではなく、テーブルの上に並べられた多くのカードからいくつかに絞り込むというのが踏まれるべき手続きであろう。

自民党は、すでに『日本国憲法改正草案』を決定している（2012年4月27日）。民主党は、2005年10月31日に『憲法提言』を発表、環境権や生命倫理などの「新しい権利」の確立、国家緊急権の明示などを盛り込んでいる。公明党は、自衛のための実力組織や新しい権利などを加える加憲を唱えている。維新の党は、憲法改正要件の緩和、道州制の導入などをうたっている。みんなの党と次世代の党は、現在、共同で憲法改正案を作成中であると聞く。これらの党で優に両院の3分の2を超える。

まずは第1弾として、具体的にどの条項をどう改めようとしているのか、あるいはいかなる条項を加えようとしているのか、衆議を尽くし、国民に提案するという作業にとりかかるべきである。

現行の憲法改正国民投票法は、改正案ごとに個別に賛否を問う形式になっている。それゆえ、一問ごとにブースを設置しなければならず、あまり多くを問えない。この方式では、憲法を全面的に改正することは不可能である。全面的な改正を可能にするには、現行法を改正して、一括方式が導入される必要がある。

## 国民の手でつくる責務

現行憲法の最大の問題点は、日本国民自身の手でつくられていないことである。マッカーサーは、日本での連合国軍最高司令官の地位を離任後、1951年5月5日の米上院軍事外交委員会で、「近代文明の成熟度の基準にてらして、われわれが45歳の壮年であるのに対し、日本はまだ12歳の少年のごときである」と証言した。

憲法については、未熟な日本人に対して、教え諭《さと》すという態度だった。その後、68年間で随分と成長したはずだ。成人になった証しとして新憲法を作成すること――それが現代に生きるわれわれ日本国民の責務であるといえよう。

憲法全体を改めてこそ、日本国民は、真の意味の「日本国憲法」を獲得したといえる。そのためには、改憲勢力が合同して知恵を出し合い、新憲法草案を作成するのがもっとも望ましい。

国民投票に付し、一括して「賛成」票を得られるような新憲法の制定作業に入るのが、本来のとるべき方策といえよう。純粋の「日本」を示す「新日本国憲法公布記念」の切手シートの発行を期待したいものだ。

（2014年11月3日）

## 「コピペ憲法」を放置していいか

2014(平成26)年12月7日、東京五輪・パラリンピックの大会エンブレム公募が締め切られ、応募は約1万5千件に及んだと発表された。周知のように、当初のエンブレムはベルギーの劇場のロゴマークの「コピペ」(盗用)でないかとの疑いがもたれ、再公募されていた。

ところで、日本国憲法前文は、歴史的な文書の壮大なコピペであるといえる。以下をご覧いただきたい。

### なぜ前文はつぎはぎか

アメリカ合衆国憲法(1787年)前文「われら合衆国国民は、われらとわれらの子孫のために、自由のもたらす恵沢を確保する目的で、アメリカ合衆国のために、この憲法を制定し、確定する」

日本国憲法前文「日本国民は、(中略)われらとわれらの子孫のために、(中略)わが国全土にわたつて自由のもたらす恵沢を確保し、（中略）この憲法を確定する」

　テヘラン宣言（１９４３年）「われらは、その国民がわれら三国国民とおなじく、専制と隷従、圧迫と偏狭を排除しようと努めている、大小すべての国家の協力と積極的参加を得ようと努める」

　日本国憲法前文「われらは、平和を維持し、専制と隷従、圧迫と偏狭を地上から永遠に除去しようと努めてゐる国際社会において、名誉ある地位を占めたいと思ふ」

　大西洋憲章（１９４１年）「すべての国のすべての人間が、恐怖と欠乏から免かれ、その生命を全うすることを保障するような平和が確立されることを希望する」

　日本国憲法前文「われらは、全世界の国民が、ひとしく恐怖と欠乏から免かれ、平和のうちに生存する権利を有することを確認する」

　いかがだろうか。上記以外の日本国憲法前文に影響を与えたと思われる歴史的文書（リンカーンの演説や米国独立宣言など）との比較は左頁の表に掲げたが、「自由のもたらす恵沢」「専制と隷従、圧迫と偏狭」「恐怖と欠乏から免かれ」などは英文がまったく同一である。

## つぎはぎだらけの「コピペ憲法」

| 日本国憲法・前文 | | 歴史文書 |
| --- | --- | --- |
| 「われらとわれらの子孫のために、・・・わが国全土にわたつて自由のもたらす恵沢を確保し、・・・この憲法を確定する」 | ← | **アメリカ合衆国憲法**<br>「われらとわれらの子孫のために自由のもたらす恵沢を確保する目的をもつて、ここにアメリカ合衆国のために、この憲法を制定し、確定する」 |
| 「国政は、国民の厳粛な信託によるものであつて、その権威は国民に由来し、その権力は国民の代表者がこれを行使し、その福利は国民がこれを享受する」 | ← | **リンカーンの演説**<br>「人民の、人民による、人民のための政治」 |
| 「平和を愛する諸国民の公正と信義に信頼して、われらの安全と生存を保持しようと決意した」 | ← | **マッカーサー・ノート**<br>「日本は、その防衛と保護を、いまや世界を動かしつつある崇高な理想にゆだねる」 |
| 「われらは、平和を維持し、専制と隷従、圧迫と偏狭を地上から永遠に除去しようと努めてゐる国際社会において、名誉ある地位を占めたいと思ふ」 | ← | **テヘラン宣言**<br>「われらは、その国民が、われら三国国民と同じく、専制と隷従、圧迫と偏狭を排除しようと努めている、大小すべての国家の協力と積極的参加を得ようと努める」 |
| 「われらは、全世界の国民が、ひとしく恐怖と欠乏から免かれ、平和のうちに生存する権利を有することを確認する」 | ← | **大西洋憲章**<br>「すべての国のすべての人類が恐怖及び欠乏から解放されて、その生命を全うすることを保証するような平和が確立されることを希望する」 |
| 「日本国民は、国家の名誉にかけ、全力をあげてこの崇高な理想と目的を達成することを誓ふ」 | ← | **アメリカ独立宣言**<br>「われらは、相互にわれらの生命、財産及びわれらの神聖な名誉にかけ、神の摂理の保護に強く信頼して、この宣言を擁護することを誓う」 |

（西 修『図説 日本国憲法の誕生』をもとに作成）

## 米国人による決意表明

いったい、どうしてそうなったのか。

1つは、連合国総司令部（GHQ）で、日本国憲法の原案たる『マッカーサー草案』を作成するにあたって、わずか1週間ほどの期間しか与えられていなかったことである。1週間程度で、いやしくも一国の憲法を作成することは至難の業である。いきおい、手元にある文書のなかから、作成者の好みに合う文章をつぎはぎすることになった。

上記の文章中、たとえば「専制と隷従（英文はslavery＝奴隷状態）」、「圧迫と偏狭」などの文言は、第二次世界大戦中の1943年時であれば、新鮮で強力なインパクトをもっていたといえるが、戦後70年をへたこんにち、これらの用語を残しておくことに必然性をもちうるだろうか。

2つは、前文について、日本側との折衝過程で、ほとんど議論されなかったことである。1946（昭和21）年2月13日、マッカーサー草案を受け取った憲法担当国務大臣・松本烝治《じょうじ》は、翌3月4日、同案に付されていた前文を削除した憲法案（『3月2日案』）をGHQへ持参した。

この日から翌日にかけて、徹夜の折衝がおこなわれ、天皇の地位や権能、人権、国会の構成などについては激論がたたかわされたが、前文に関しては、松本大臣の試みが完全にしりぞけられ、マッカーサー草案の前文がそのままの文面で復活した。その後の政府案の作成、帝国議会での審議などで、表現が微修正されただけで、詰めた議論がなされたとは言い難い。

## 国民自身で力強く明快に

その結果、「日本国が再び米国と世界の平和および安全に脅威を与えないことを確実にする」という対日占領政策の基本方針にもとづき、米国人を通してつくられた日本国民の決意表明になっている。「政府の行為によつて再び戦争の惨禍が起ることのないやうにすることを決意し」の文言などに表れている。

前文は、国の最高法規たる憲法の「顔」と位置づけることができる。世界の多くの国の憲法前文には、その国の国民が発した独自性（オリジナリティー）と国民としての同一性の確認（アイデンティティー）が刻まれている。これらが前文に欠如しているのは、日本国憲法の最大かつ本質的な欠陥である。

コピペが判明すれば、学術的には履修単位を与えられず、博士の学位を没収される。ビジネスの世界では商標が取り消される。国家的規模のコピペがいつまでも放置されたままでいいはずがない。

日本国はどのような歴史、文化を積み重ねてきたのか、どんな理念をもち、いかなる国を築いていこうとするのか、国際基準をふまえつつ、日本国のオリジナリティーとアイデンティティーを表出すべく、われわれ国民自身の手で、力強く、かつ明快な文脈で、前文を再構成しなければならない。

日本国憲法の前文こそ、広く国民の声を求め公募に値するのではなかろうか。一考を望みたい。

（2015年12月17日）

## 「二院制」見直す改憲案の審議を

2012（平成24）年10月17日、最高裁判所大法廷は、10年7月の参議院選挙で、選挙区間の投票の価値が最大で1対5に開いた結果について、「違憲の問題が生ずる程度の著しい不平等状態にいたっていたというほかはない」として、「違憲状態」との判決をくだした。

### 「違憲状態」は国会の怠慢

たしかに、鳥取県では15万8千票余りで当選できたのに対し、神奈川県では70万票近くを獲得したにもかかわらず落選したのは、合理的とはいえない。このような非合理性を解消するために、先の通常国会で4増4減案が提出されたが、継続審議とされた。しかし、4増4減案が成立しても、格差は4・75倍にしか縮まらず、抜本的な解決にはなりえない。

11年3月23日、同じく最高裁大法廷は、09年8月に実施された衆議院総選挙で生じた1対2・30の格差についても、「違憲状態」にあったとの判決をくだしている。現在、臨時国会で0増5減案の提出が検討されているが、国会運営の駆け引きと与野党の思惑が交錯し、頓挫している。

憲法が定める「法の下の平等」は、基本的には「投票価値の平等」をも求めていると解される。国会が当面の課題として、「違憲状態」とされている選挙区の定数を見直すべきは、当然である。最高裁は、度重なる「違憲状態」判決に前向きに対応しない国会に対し、将来何らの方策もとらない場合、「違憲無効」の判断もありうることを示唆している。国会の怠慢が許される状況ではない。

**参院は「衆院と重複する機関」**

しかしながら、私は両院における「投票の価値の平等」を整えるために数合わせをするだけでは、はなはだ不十分だと考える。そもそも、なぜ衆議院と参議院がほぼ同じ選挙制度を採用しなければならないのか。こうした選挙制度を存続させるかぎり、参議院の政党本位は固定し、党利党略が働くシステムを助長するだけとなろう。

もともと、日本国憲法の原案たる連合国総司令部（GHQ）案は一院制だった。それが日本側の要求で二院制を採用するにいたったのだが、その際、帝国議会で、「(参議院が)衆議院と重複する機関となり終ることは、その存在意義を没却するものである。政府は、須《すべから》くこの点に留意し、参議院の構成については、努めて社会各部門各職域の経験知識ある者がその議員となるよう考慮すべきである」との附帯決議がなされた。

また、第1回の参議院選挙に当選した作家の山本有三は「参議院は、衆議院と一緒になって政争をこととするようであっては、第二院としての存在価値はなくなると思う」と述べている。いずれも参議院のあり方としては、至当な判断であるといえよう。現在は、参議院が完全に「衆議院と重複する機関となり終え」、「政争をこととする」院になっている。

このような状況にかんがみ、2012年4月27日には、衆参両議院を統合して一院制を創設する「憲法改正原案」が、130人の衆議院議員による賛同を得て衆議院議長に提出された。10年5月に憲法改正国民投票法が施行されて初めての試みである。しかし、法律上の要件が満たされているにもかかわらず、憲法審査会に付託されることなく、6か月以上、棚上げ状態になっている。

なぜなのか、国民に十分な説明はなされていない。憲法審査会では、国民に公開されるべきであるという趣旨から、公聴会の開催が予定されている。衆議院憲法審査会を開き、公聴会などを通じて、一院制の是非、二院制のあり方を広く議論するのが本筋である。

## 衆議院と参議院の違い

日本国憲法は、予算の議決（60条）、条約の承認（61条）、内閣総理大臣の指名の議決（67条）については、衆参両院で意見を異にした場合、最終的に衆議院の議決を国会の議決とされる。だが、法律案については、衆議院で可決し、参議院で否決されたときは、衆議院において出席議員の3分の2以上の多数で再可決しなれば成立しない。それゆえ、衆議院で多数を占めても、参議院で過半数の議席を有していなければ(ねじれ現象)、重要法案の場合、可決されなくなる。このようなねじれ現象により、重要法案が国会を通過しなかったことが何度もあった。

## ねじれで参院に生殺与奪権

現行憲法の重大欠陥として、法律案の議決手続きがある。法律案が衆議院で可決され、参議院で否決されたときは、衆議院で出席議員の3分の2以上の多数で再議決しなければ、法律にならないとされている。それゆえ、野党が参議院で過半数の議席を確保するとともに、衆議院でも3分の1を超す議席を得ていれば、対決法案は簡単に暗礁《あんしょう》に乗り上げてしまう。

予算の議決や条約の承認、内閣総理大臣指名の議決については、両院で意見を異にしたときは、最終的に衆議院の議決が国会の議決とされており、法律案の議決手続きと整合性がとれていない。それゆえ、予算は国会で可決されたにもかかわらず、それを執行するための予算関連法案の通過は難航するという変則的事態が生じる。

国会の「ねじれ現象」の常態化にともない、本来、衆議院の抑制・補完機関として設けられた参議院が生殺与奪権を握る、いびつな憲法構造が浮き彫りになっている。衆議院での再議決要件を、現行の「3分の2以上」から「過半数」に改めることが求められる。

明日、12年11月3日は、日本国憲法が公布されてから66周年にあたる。上記の最高裁判決を受けて、両院の憲法審査会は、二院制のあり方にまで踏み込んで討議すべきであるが、怠慢を決め込み、休眠状態が続いている。主権者たる国民として、あるべき両院関係を考えてみようではないか。

（2012年11月2日）

## 憲法改正反対論の「偽装」見抜け

どんな議論にも作法が必要だ。基本原則は事実を正しく伝達することと、筋の通った説明をすることである。この数か月間に展開された護憲派の言説は、原則に外れていると思われてならない。

### 自民96条改正案を完全誤解

いくつも例証できるが、まず2013（平成25）年5月3日付の朝日新聞に掲載された石川健治・東京大学法学部教授の論稿をみよう。「96条改正という『革命』」「立憲国家への反逆に動く議会政治家たち　真に戦慄《せんりつ》すべき事態」という大仰《おおぎょう》で扇情的な見出しの下で、「96条を改正して、国会のハードルを通常の立法と同様の単純多数決に下げてしまおう、という議論が、時の内閣総理大臣によって公言され、（中略）これは真に戦慄すべき事態だといわなくてはならない」と記述されている。

自民党の憲法96条改正案を完全に取り違えている。同党の改正案は、現行の「各議院の

## 日本国憲法96条

この憲法の改正は、各議院の総議員の三分の二以上の賛成で、国会が、これを発議し、国民に提案してその承認を経なければならない。この承認には、特別の国民投票又は国会の定める選挙の際行はれる投票において、その過半数の賛成を必要とする。

総議員の3分の2以上」を「両議院のそれぞれの総議員の過半数」に改めるのであって、通常の立法手続きとは明らかに差がある。すなわち、通常の立法手続きは「出席議員の過半数」の議決であり、定足数は「3分の1以上」である。それゆえ通常の法律は、最低限、6分の1超の議員の賛成で成立する。しかも、国会のみで決められる。

これに対し、自民党案では「総議員の過半数」により発議され、さらに国民投票に付される。石川教授の記述がいかに虚偽に満ちているか歴然であろう。このような間違った言論が大新聞に堂々と載ることこそ、「真に戦慄すべき事態」といわなければならない。見出しが独り歩きして、自民党改正案は「反立憲的」という意識が植えつけられかねないからだ。

つぎに、護憲弁護士として著述や発言の多い伊藤真《まこと》氏の論述を引こう。氏は、日本国憲法以上に改正要件の厳しい憲法が「ごろごろ」していると述べ、例に米国憲法とスイス憲法の全面改正の手続きをあげる（伊藤真『憲法問題』）。ここで引いてある米国憲法の改正手続きは、両院で3分の2以上の議員の議決により改正案が発議され、4分の3以上の州議会の賛成を得て成立すると規定されている（他の方法もあるが省略）。

## 米憲法改正要件厳しからず

米国では、両院における3分の2以上とは出席議員の3分の2以上であって定足数は過半数とされている。したがって、憲法改正案は3分の1超で発議できる。また、4分の3以上の州議会とは、50州中38州以上になる。一見、高いようであるが、日本の47都道府県に置き換えると、36以上の都道府県議会で可決すれば成立することになる。

現在、憲法改正に賛成する議員が過半数を得ている都道府県議会は40以上になるという。日本より高く設定されているはずの米国憲法の改正要件を日本に移し替えれば、改正は容易に成立する。こうしてみると、米国憲法改正への敷居が日本国憲法のそれよりも高いという説明は、まったくの誤りであることが明白であろう。しかしながら、日本より厳しい改正要件として米国を引き合いに出しているマスコミがいかに多いことか。

ちなみに、「ごろごろ」の例にもう一つだけあげられているスイスの全面改正の要件は、両院で過半数の同意があれば、国民投票に付されること、とされており、むしろわが国よりも広き門だ。

護憲論者には、憲法96条の緩和について、「革命」のほか「クーデター」「裏口入学」のレッテルを貼ったり「類例がない」と形容したりする向きもある。「革命」や「クーデター」とは、一般に非合法的手段による政治権力奪取をいう。改正手続きの緩和は、あくまで96条に定められる手続きに則《のっと》っておこなわれるのであり、完全に合法だ。「裏口入学」もしかり。96条とそれにともなう法律にもとづき「正門」から手続きを踏むわけで、成就すれば「正規入学」である。

## 作法に従って持論の展開を

「類例がない」にいたっては、勉強不足もはなはだしいといわざるをえない。私の調査によれば、憲法改正手続き条項に従ってその手続きを改正した事例はインドネシア、オーストラリア、コスタリカ、デンマーク、ラトビア、リヒテンシュタイン、スイス、台湾など、まさに「ごろごろ」ある。

インドネシアでは2002年、憲法改正に必要とされていた国民協議会の「出席議員の3分の2以上」の承認を「総議員の過半数」の承認に改めた。台湾では、立法院（一院制）での議決を出席議員の4分の3以上へ、住民投票での賛成を有権者総数の過半数へと、逆に条件を厳しくしている。

以上、護憲論者の言説には、まったくの事実誤認や意図的な誤誘導、検証に堪えない認識不足、あるいは恣意《しい》的なレッテル貼りも散見されるから、要注意である。

改正手続きに関して国民投票法が求める「三つの宿題」（本書122頁参照）が処理されれば、憲法改正論議が再燃するものと予想される。護憲、改憲いずれの立場を取るにせよ、虚言を排し、筋を通してそれぞれの持論を説得力をもって展開していく——このような作法に従うことが求められるのではないだろうか。

（2013年11月25日）

## はびこる「立憲主義」という妖怪

――ひとつの妖怪が日本国を徘徊《はいかい》している。それは立憲主義という妖怪である――。ご存じ、カール・マルクスとフリードリッヒ・エンゲルスの共著『共産党宣言』の冒頭をもじったものだ（同宣言中のヨーロッパを日本国に、共産主義を立憲主義に言い換えた）。

### 横行する手前勝手な決めつけ

近年、いろいろな場面で立憲主義という言葉が用いられている。ただし、正確に使用されているとは言いがたい。一部のメディアなどが盛んに唱えているのは、「憲法とは国家権力を縛る」ものと定義づけ、「国民は憲法を守る義務を負わない」「集団的自衛権を全面的に禁止していた政府解釈を変更することは立憲主義の破壊である」などの言説である。

はたして立憲主義に関するこのような捉え方は、正しいだろうか。

第1に、「憲法とは国家権力を縛るもの」という定義それ自体がいたってあいまいである。そのあいまいさをよりどころにして、自分たちの意に沿わない行為が国家によっておこなわれれば、立憲主義違反と決めつける。実に手前勝手な立憲主義論が横行しているように思われてならない。

立憲主義の本質は、国家権力の恣意的行使を制約することにある。国家の役割がきわめて肥大化してきているこんにち、国家の機能もそれだけ大きくなる。それと同時に、ともすれば国家はその権力を濫用《らんよう》するおそれがある。そのような権力の暴走を阻止するのが、立憲主義の根本的な考え方である。国家権力が恣意的に行使されているかどうかは、民主主義のルールによって定まる。

## 国民の遵守義務は「理の当然」

第2に、「憲法を守らなければならないのは、国家権力保持者であって、国民ではない」と唱えられる。その根拠としてあげられるのが、憲法99条の規定である。「天皇又は摂政及び国務大臣、国会議員、裁判官その他の公務員は、この憲法を尊重し擁護する義務を負ふ」。ここに国民が入っていないことを理由に、国民は憲法尊重擁護義務を負う必要はなく、またそれが立憲主義の原則にかなうと主張される。

曲解といわなければならない。現行憲法の採択が審議された帝国議会で、憲法担当国務大臣の金森徳次郎氏は、つぎのように述べている。「日本国民がこの憲法を守るべきは理の当然でありまして、ただこの95条（現行の99条）は、憲法という組織法的な一般的な考えに従いまして、権力者または権力者に近い資格を有する者が憲法を濫用して、人民の自由を侵害する、こういう伝統的な思想をいくぶん踏襲いたしまして95条の規定ができております。国民が国法に遵《したが》うということはいうまでもないことでありまする」

要するに、憲法の尊重擁護義務は、ふだん権力を行使する立場にある公務員などを「特別に」対象にしたものであって、国民が憲法を守るべきは「理の当然」だから、条文の中に入れなかったというだけのことなのである。

世界の憲法をみると、多くの憲法に国民の憲法遵守《じゅんしゅ》義務が定められている。たとえばイタリアの憲法には、以下の規定がある。「すべての市民は、共和国に対して忠誠を尽くし、その憲法及び法律を遵守する義務を負う」

## 国の存立のための集団的自衛権

第3に、集団的自衛権に関する今回の政府解釈の変更は、立憲主義の破壊になるだろうか。政府は9条に関連し、何度も解釈を変更してきた。当初は自衛権すら否定するような答弁をしていたが、警察予備隊、保安隊時代は「近代戦争を遂行するに足る兵力ではないので合憲」との解釈を示し、さらに自衛隊が発足すると、「自衛のため必要最小限度の実力は憲法で禁止する戦力にあたらない」との解釈に変えた。論理より現実を先行させた解釈の変更といえる。

政府が自衛隊発足以来、解釈を変えていないのは、「必要最小限度の自衛権の行使」は憲法に違反しないとの立場である。今回の解釈変更は、その「必要最小限度の自衛権の行使」を、「我が国の存立が脅かされ、国民の生命、自由及び幸福追求の権利が根底からくつがえされる明白な危険がある場合」に限定して、集団的自衛権の行使を認めたにすぎない。従来の解釈変更より、論理性は保たれている。

政府の最大の任務は、国の存立と国民の生命および諸権利を保全することにある。それはまた、立憲主義存続の前提でもある。国際社会の厳しい現実を直視すれば、限定的な集団的自衛権の行使は立憲主義の破壊ではなく、むしろ立憲主義の存続要因という結論に帰着するはずだ。

「国家権力は敵」という独善的な考え方のもとに、自分たちの政治目的を実現するために立憲主義という言葉を利用する――いわばポピュリズム憲法論が、現代日本に徘徊している妖怪の正体と映る。

（2016年5月2日）

## 憲法への忠誠は「国民の義務」だ

憲法上、国民の義務をどう考えればよいのか。日本国憲法は国民の義務として、子女に教育を受けさせる義務（26条2項）、勤労の義務（27条）および納税の義務（30条）を定めている。これら憲法に明記されているもののほかに、国民は国家に対し何らの義務も負っていないのだろうか。

### あの美濃部達吉も要求

東京帝大教授を務め、日本国憲法作成の審議にも加わった憲法学の泰斗《たいと》、美濃部達吉の言を引こう。

「国民の国家に対する義務としては、第一に国民は国家を構成する一員として国家に対し忠誠奉公の義務を負ふものでなければならぬ。国家は国民の団体であり、国家の運命は国民に繫《つなが》って居るのであるから、国民は国家の存立とその進運に貢献することをその当然の本分と為《な》すものである。第二に国民は社会生活の一員として社会の安寧秩序を保持し、その秩序を紊《みだ》すべからざる義務を負ふと共に、更《さら》に進んで積極的に社会の福利に寄与すべき義務を負ふものである。第三に国民は個人として各自が自己の存立の目的の主体であり、随《したが》って他の各個人の自由及び権利を尊重しこれを侵害してはならぬ義務を負ふものである」(『日本国憲法原論』＝宮沢俊義補訂、1952年)

美濃部といえば、天皇機関説を唱えたリベラルな学者として知られているが、国家を「国民の運命共同体」であると措定《そてい》し、国家への忠誠奉公の義務を要求しているあたりは実に新鮮にさえ映る。問題は、憲法99条の「天皇又は摂政及び国務大臣、国会議員、裁判官その他の公務員は、この憲法を尊重し擁護する義務を負ふ」との関連で、国民に憲法尊重擁護義務があるかどうかという点だ。

## 制定者は主権者たる国民

この点について、東京大学法学部専任教員の共同研究によって著わされた『註解日本国憲法(下)』(1954年)を引用しよう。

「(第99条が)国民をあげていないことは、国民のこの憲法を遵守する義務を否定したのでないことは、言を俟《ま》たない。殊更《ことさら》に国民をあげなかったのは、公務員が直接に憲法の運用に接触するため、それらに憲法を尊重し擁護することを求める特別の理由があるのみならず、この憲法自体が、前文で明言するごとく日本国民が確定したものである、従って、制定者であり、主権者である国民が、国家の根本法たる憲法を尊重し擁護しなければならないことは、理の当然であって、自ら最高法規として定立したものを、制定者自身が、破壊することを予想するのは、自殺的行為といわねばならないであろう」

憲法の尊重擁護義務を公務員に限定したのは、公務員が公権力の行使者だという「特別の理由」からであるとしつつ、日本国憲法を「確定」した日本国民が日本国憲法を尊重擁護する義務を負うのは「理の当然」であり、義務を負わないのは「自殺的行為」であるとさえ述べられている。

近年、憲法は国家権力を縛るものであって、国民を縛るものではないという議論が多くみられる。そこからは、国民の憲法尊重義務は生じないとの結論が導かれ、また立憲主義を強調する立場から、憲法に義務規定を設定すること自体が疑問だという見解もある。

私には無責任な憲法論に思われてならない。立憲主義は憲法に義務規定を設けることを決して否定していない。古来よりこんにちにいたるまで納税はむろん、国防や兵役を国民の義務規定としてきている立憲国家は、枚挙にいとまがない。

これらの義務は、帰属する国家の一員として国民が当然に担うべき負担と考えられてきたのである。憲法尊重擁護義務もしかりだ。

**スイス連邦**(1999年)

6条　すべての人は、自己に対し責任を負うとともに、その能力に応じて国および社会における任務の遂行に寄与する。

59条1　すべてのスイス人男性は、兵役に従事する義務を負う。法律は、非軍事の代替役務について定める。

　2　スイス人女性については、兵役は任意である。

　3　兵役にも代替役務にも従事しないスイス人男性は、負担金が課される。当該負担金は、連邦によって課され、州によって査定され、徴収される。

61条3　連邦は、男性について民間防衛役務が義務的である旨を宣告することができる。

**ドイツ憲法**(1949年)

5条　教授の自由は、憲法への忠誠を免除しない。

6条1　子どもの養護および教育は、両親の自然的義務であり、かつ何よりも先に両親に課せられている義務である。

12a条1　男子に対しては、満18歳から、軍隊、連邦国境守備隊または民間守備隊における役務の義務を負わせることができる。

　2　良心上の理由により、武器をもってする役務を拒否する者には、これに代替役務を義務づけることができる。

　4　防衛事態において、民間の衛生施設および医療施設ならびに場所の固定した軍の衛戍病院における民間の役務給付の必要が、自由意思による要員だけで充たされない場合には、満18歳以上満55歳以下の女性に対して、法律によりまたは法律の根拠にもとづき、この種の役務給付に服させることができる。女性は、いかなる場合であっても、武器をもってする役務にあてられない。

**世界人権宣言**(1948年)

1条　すべての人間は、生まれながらにして自由であり、かつ尊厳と権利において平等である。人間は、理性と良心を授けられており、互いに同胞の精神をもって行動しなければならない。

**国際人権規約**(1966年)

※「経済的、社会的および文化的権利に関する国際規約(A規約)」「市民的および政治的権利に関する国際規約(B規約)」

両規約前文末尾　個人が、他人に対しおよびその属する社会に対して義務を負うこと、ならびにこの規約において認められる権利の増進および擁護のために努力する責任を有することを認識して、次の通り協定する。

＊以上の憲法については、国立国会図書館調査及び立法考査局『各国憲法集』、大西邦敏監修『世界の憲法』(成文堂、1971年)を参照した。

2019年7月(駒澤大学名誉教授　西 修作成)

## 先進諸国憲法および国際条約における国民の義務・責務規定例

**アイルランド憲法**（1937年）

9条3　国民に対する誠実および国家に対する忠誠は、すべての市民の基本的な政治的義務である。

**イタリア憲法**（1947年）

2条　共和国は、個人としてであれ、人格が発展せられる社会的組織であれ、（中略）政治的、経済的および社会的連帯にもとづく、免れることのできない義務を履行するよう要求する。

4条2　すべての市民は、その能力と選択に応じて、社会の物質的もしくは精神的進歩に寄与する活動をおこない、またはそのような役割を果たす義務を負う。

30条1　子どもを養育し、訓育し、教育することは、その子どもが婚姻外で生まれた子どもであっても、両親の義務であり、かつ権利である。

52条1　祖国の防衛は、市民の神聖な義務である。

2　兵役は、法律の定める制限と方法に従い、これを義務とする。

54条1　すべての市民は、共和国に対して忠誠を尽くし、その憲法および法律を遵守する義務を負う。

経過規定および最終規定　18 憲法は、共和国の基本法として、すべての市民および国家機関が忠実にこれを遵守しなければならない。

**エストニア憲法**（1992年）

54条　憲法の定める統治機構に忠誠を尽くし、およびエストニアの独立を守ることは、すべてのエストニア国民の義務である。

**オランダ憲法**（1983年）

98条2　法律は、義務的な兵役および現役への召集の猶予について定める。

99a条　法律で定める規則により、民間防衛のための義務を課することができる。

**ギリシャ憲法**（1975年）

4条6　武器を取ることのできるすべてのギリシャ人は、法律の定めるところにより、祖国の防衛に従事する義務を負う。

解釈規定　6項の規定は、武器をもつことをともなう兵役または兵役全般に対し、立証された誠実な異議を有する者が、軍隊の内部または外部で他の任務に義務的に従事すること（代替役務）を法律で定めることを妨げない。

25条4　国は、すべての国民に対して、社会的および民族的連帯の義務を履行すべき旨を求めることができる。

120条2　この憲法およびこれに合致する法律の尊重および民主主義への献身はすべてのギリシャ人の基本的義務をなす。

4　この憲法の遵守は、ギリシャ人の愛国心に委ねられ、ギリシャ人は、暴力によるこの憲法の停止を企てるいかなる者に対してもあらゆる手段によって抵抗する権利および義務を有する。

## 権利偏重論からの脱却を

前頁に掲げた表のように、第二次世界大戦の敗戦国、ドイツの憲法（１９４９年）は「教授の自由は、憲法への忠誠を免除しない」（5条）などの規定を設け、国民に対し〝憲法忠誠〟を求めている。同じく敗戦国のイタリア憲法（47年）は「すべての市民は、共和国に対して忠誠を尽くし、その憲法および法律を遵守する義務を負う」（54条）との明文規定を配している。それぞれ、ナチズム、ファシズムを生み出したという苦い反省をふまえて、敗戦後、新たに民主的な憲法を制定し、国民の憲法への忠誠、憲法遵守義務をうたったのである。

産経新聞が２０１３年4月に発表した『国民の憲法』要綱は、公務員の憲法順守義務とともに、国民に対しても憲法および法令を順守する義務、国の安全を守り、社会公共に奉仕する義務、国旗および国歌を尊重する義務、家族が互いに扶助し、健全な家庭を築くように努力する義務などを設けた。その根底には、国家権力を規制するという伝統的な立憲主義だけではなく、国民が「この国のかたち」としての基本法たる憲法づくりに、主体的にどうかかわっていくかという、新たな憲法理念と憲法認識がある。

これまでの権利偏重の憲法論から脱却すべく、新しい視点から国民の義務論が展開される一つの契機になることを期待したい。

（２０１３年6月12日）

# 第2章

# 「歴史の証人たち」が語る日本国憲法

## 起草にかかわった45人にインタビュー

――先般、日本国憲法の起草にかかわった日米の計45人へのインタビューを載せた『証言でつづる日本国憲法の成立経緯』（海竜社）を発表されました。関係者の貴重な証言をもとに、わが国の憲法が米国主導で起草されたという事実が淡々と記されており、読みどころが満載です。

**西**　あの本は1984（昭和59）年から85年にかけておこなった調査・研究の成果を中心にまとめました。当時、私は日本国憲法の土台となった連合国総司令部（GHQ）による『マッカーサー草案』の起草運営委員を務めたアルフレッド・ハッシーの文書を研究していました。このことがきっかけで、私は日本国憲法の起草、あるいは成立にかかわった人たちの声が聞きたいと思うようになりました。存命者が少なくなってきていたことから、「チャンスは今しかない」という気持ちでした。

とくに苦労したのは「天皇条項」の起草を担当したジョージ・ネルスンへの取材です。彼は当時、フランスの片田舎に住んでいて、パリの空港からプロペラ機に乗り継ぎ、さらには車で約1時間をかけてようやく築200年ほどの屋敷に到着することができました。周辺にコウモリが飛び交っているような僻地で、ホテルなんかはありません。ネルスンが「うちに泊まれ」と言ってくれたので事なきを得たのですが、肝心の取材ではカメラのフィルムを切らすという大失態を演じてしまいました。ただし、天皇の「象徴」条項について、「(英国の政治学者)ウォルター・バジョットの『英国憲法論』のなかに、国王の地位の〝尊厳〟との関連で、〝象徴〟(symbol)の語句が使われていたことを思い出し、私が発案した」という重要な証言を得ることができました。

――連合国軍最高司令官のマッカーサーが草案を提示してまで日本の新憲法づくりを急いだ理由をお聞かせください。

**西**　英米仏中ソなどでつくる極東委員会が発足する前に憲法改正を実現したかったのだと思います。この委員会は日本の占領に関する最高決定機関であり、とくに憲法の改正については承認を得ることが必須とされていました。極東委員会の構成国の中には皇室の廃止を主張する国もあったので、「日本を統治するためには、皇室の存続は必要である」と考えていたマッカーサーは、いわば既成事実をつくっておきたかったのです。

――しかし、当時の日本人からすれば自国の憲法について、GHQ、すなわち、外国人に口を出されるのは面白くなかったのでは?

**西**　憲法制定時に首相を務めた幣原《しではら》喜重郎の側近の押谷《おしたに》富三元衆院議員は、私のインタビューに「幣原先生のお話を聞いて、この憲法は『天皇人質憲法』なのだと感じた」と語っています。つまり、「天皇を残す代わり総司令部案（マッカーサー草案）をのめ」と。GHQの干渉に戸惑いを覚えた人が多かったのは間違いありませんが、その一方で、日本の責任者のほとんどが「とにかく天皇だけは残したい」「天皇が残るかぎり日本は再生する」という思いをもっていたことも確かです。

## GHQキーマンが語った9条の真相

――GHQ民政局次長として、マッカーサー草案づくりを牽引《けんいん》したチャールズ・ケーディスにも取材をされました。日本国憲法の各条文の草案はGHQが設置した7つの小委員会でつくられましたが、核心部分である「戦争の放棄」条項のみは彼一人が担当したほどの中心人物でした。

**西**　ケーディスに初めて会ったのは1984（昭和59）年11月。米マサチューセッツ州の自宅で3～4時間ほど話を聞くことができました。〝好好爺《こうこうや》〟という印象で、知っている

## 日本国憲法草案起草のための民政局組織図

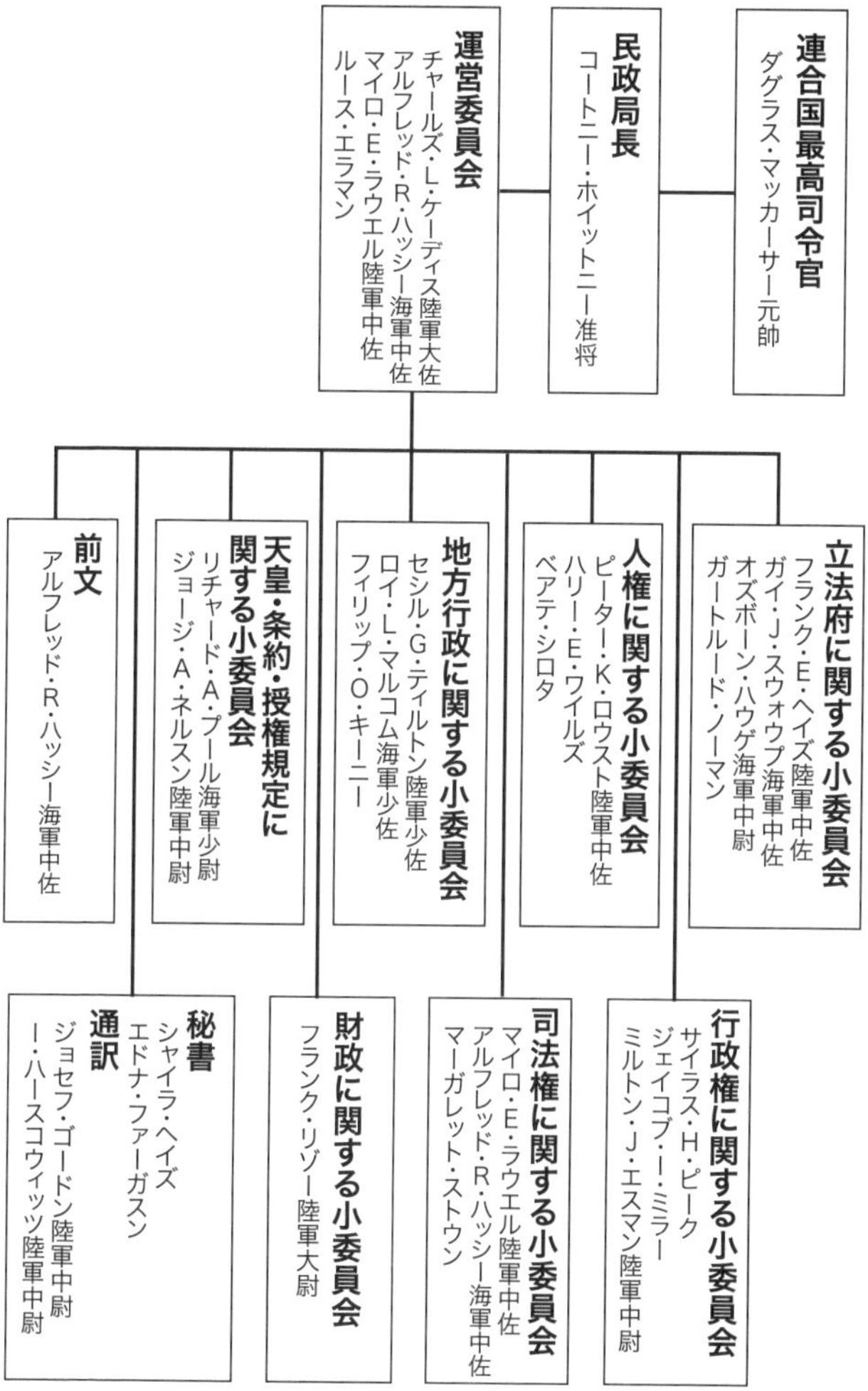
連合国最高司令官
ダグラス・マッカーサー元帥
民政局長
コートニー・ホイットニー准将
運営委員会
チャールズ・L・ケーディス陸軍大佐
アルフレッド・R・ハッシー海軍中佐
マイロ・E・ラウエル陸軍中佐
ルース・エラマン
立法府に関する小委員会
フランク・E・ヘイズ陸軍中佐
ガイ・J・スウォウプ海軍中佐
オズボーン・ハウゲ海軍中尉
ガートルード・ノーマン
人権に関する小委員会
ピーター・K・ロウスト陸軍中佐
ハリー・E・ワイルズ
ベアテ・シロタ
地方行政に関する小委員会
セシル・G・ティルトン陸軍少佐
ロイ・L・マルコム海軍少佐
フィリップ・O・キーニー
天皇・条約・授権規定に関する小委員会
リチャード・A・プール海軍少尉
ジョージ・A・ネルスン陸軍中尉
前文
アルフレッド・R・ハッシー海軍中佐
行政権に関する小委員会
サイラス・H・ピーク
ジェイコブ・I・ミラー
ミルトン・J・エスマン陸軍中尉
司法権に関する小委員会
マイロ・E・ラウエル陸軍中佐
アルフレッド・R・ハッシー海軍中佐
マーガレット・ストウン
財政に関する小委員会
フランク・リゾー陸軍大尉
秘書
シャイラ・ヘイズ
エドナ・ファーガスン
通訳
ジョセフ・ゴードン陸軍中尉
I・ハースコウィッツ陸軍中尉

ことは聞かれるままに答えようという人の良さを感じました。昼食にステーキをご馳走になったのですが、あまりの分厚さにびっくりしましたね（笑）。

――彼からはどのような証言を引き出すことができたのでしょうか。

**西**　とくに9条については、自衛戦争の遂行も自衛戦力の保持も可能であると判断していたということです。実際、彼はマッカーサーが草案をつくるに際して示した「自己の安全を保持するための手段としてさえも、戦争を放棄する」という文言を削除しました。理由をたずねると、「『自己の安全を保持するための手段としての戦争』放棄では、日本が攻撃されてもみずからを守ることができないことになり、そのようなことは現実的ではないと思えたからだ。私は、どの国家にも『自己保存の権利』があると思っていた」と答えました。

また、「交戦権」という文言に関しては、その解釈をめぐって、わが国ではさまざまの熱い議論がなされてきていますが、これについてケーディスは、もともとマッカーサーの案であり、意味をよく理解しないまま盛り込み、「もし日本側から『国の交戦権』を削除したいという申し出があったら、OKしていただろう」と言いました。拍子抜けしましたね（笑）。

ケーディスはまた、「当時の日本政府および国会議員の9条に対する認識は、私たち原案起草者よりもはるかに深刻なものととらえ、またそのように解釈しなければならないと考えていたように感じた」とも語っていました。

幣原の後を継いだ吉田茂元首相が国会での審議で「近年の戦争は多くは国家防衛権の名において行われたることは顕著なる事実」と、自衛権すら否定するような答弁をしたのはその表れだと思います。

また、枢密院書記官長などを歴任した諸橋襄《のぼる》はインタビューで、9条を議論した際に枢密院審査委員長を務めた潮恵之輔《うしおしげのすけ》が「もう日本は竹やりで守るしかない」と述べていたことを明らかにしました。現在の感覚では理解できませんが、ともあれ、GHQ側の意思とは対照的に、日本側は完全なる諦念に支配されていたと言えます。

もう一つ、ケーディスは私に対して、「もうどこかの条項が改正されているとばかり思っていた（略）。私は憲法改正手続きがこんなに困難になっているとはまったく知らなかった」とも言っていました。こういう認識はケーディスだけでなく、私が接したGHQの関係者のほとんどがもっていて、彼らが「この憲法は暫定的なものであると思っていた」と述べていたことは印象的でした。

## 護憲派こそ前文改正を訴えよ

——つぎに、「前文」についてお聞きします。西先生の〝師匠〟で、日本国憲法研究の第一人者であるセオドア・マクネリー教授は「リンカーンの亡霊（ゴースト）」と評しています。マクネリーはGHQに民間諜報局情報分析官として勤務し、帰国後はメリーランド大学の教授などを務めました。

**西**　前文はリンカーンの演説、大西洋憲章、アメリカ独立宣言などを切り貼りしたものであり、いわゆる「コピペ」であることをマクネリーは明らかにしました。GHQが極東委員会の関与を避けるべく設定した約1週間という限られた期間内に前文を作成するには、「コピペ」に頼らざるをえなかったのでしょう。ちなみに、この前文には「政治道徳」という文言が入っています。護憲派は憲法に「道徳」や「倫理」にかかわる用語を入れるべきではないとの立場をとっていますが、そうであれば、「政治道徳」なる用語がモロに入っている前文の改正をこそ訴えるべきだと思います。

——わずか26歳で「天皇・条約・授権規定」に関する小委員会に参加したリチャード・

プールが西先生に明かしたエピソードも面白いですね。当時のマッカーサーが「絶対的な存在」であったことがわかります。

**西**　ある日、「戦争の放棄」条項があまりにも理想的だとして、〝待った〟をかけようとしたプールに、ケーディスが「この条項はどこから出てきたのか知っているかね？」とたずねました。プールが「いいえ、知りません」と返すと、ケーディスは淡々とした口調でこう述べます。「元帥からだよ。これ以上、何か言う必要があるかね？」。プールは即座に「ノー・サー！」と答え、それで会話は打ち切られました（笑）。GHQにおいては、マッカーサーの言葉が絶対だったのです。

――この著書は、日本国憲法の成立過程が常に米国主導だったことを浮き彫りにしています。

**西**　1946年2月10日、民政局長だったコートニー・ホイットニーからマッカーサーに草案に関する説明文が提出されました。そこには、「草案は閣下が示された大原則やその後の指示、さらに重要な先例を含んでいる」と強調しており、米国主導という評価は否定することができません。当時、法制局部長として、マッカーサー草案を日本風に書き直す作業をしていた佐藤達夫はその著書で、「それは、あたかも書きかけの試験答案を途中で引ったくられたような気持ちだった」と心中を語っています。

――外国人が日本の憲法を起草することに違和感を覚えるＧＨＱの関係者もいました。

**西**　はい。「行政権」の章を担当したミルトン・エスマンは、「米国の軍人や弁護士によって作成された憲法は、正当性をもち得ないと感じた」「憲法案として書かれていたのがあたかも（第４代米大統領の）ジェームズ・マディスンによって起草されたかのような文言だった。どうみても、それは日本語ではなかった」「憲法が外国人の作品として書き上げられるのは正しい方法ではない（略）。何かよい方法があったはずだというのが当時いだいていた偽らざる気持ちであり、この気持ちはいまでも変わっていない」と明言しました。

――日本語の「おかしさ」を指摘する声は他にもありましたね。

**西**　民政局立法課長を務めたジャスティン・ウィリアムズですね。彼は私に「知的な日本人なら、日本国憲法に書かれている日本語が奇妙であることに気づくはずだ。そのことがもっとも重要な論点の一つで、日本はいまやその変更の時期に来ている」と述べました。彼からは「私があなたの立場なら、意味を変えないで、一語一語を吟味して、日本語を完全なものにする。共産党も、社会党も、新聞もあなたを支持すると思う」と尻を叩かれました（笑）。

## 「幣原9条発案説」を否定した長男

——つぎに、先生がインタビューをした日本の関係者についてお聞きします。

**西**　とくに印象に残っているのは、終戦連絡中央事務局でGHQとの連絡事務を担当した朝海浩一郎元駐米大使です。彼はGHQの影響力について「各官庁の人事にまで干渉してきた。課長人事まで事前に了承を得なければならなかった」と述べたうえで、「敗戦とは厳しいものだ。日本国憲法の作成など占領政策の基本にかかわる問題について、日本側が自主的に意思を決定しうるはずがない。憲法を押しつけなければ占領軍の価値がない」と語りました。〝敗戦国の悲哀〟は今も耳に残っています。

——9条はマッカーサーではなく、幣原の発案だったという説もありますが、朝海は明確に否定していますね。

**西**　朝海は「日本は米国側の憲法案を受け入れる以外、余地はなかった。9条について、幣原さんがマッカーサーとの会話などで、『非常にいいものになった』と語ったと伝えられるが、そう言わざるをえなかったのだ。日本人が泣く泣く、受け入れた。それが日本国憲法だ」と述べました。

また、幣原の長男で、獨協大学教授などを歴任した道太郎も自身の論文で父親の関与をこう否定しています。

「占領下の総理として可能性の限界を超え、新憲法を日本人の自家製と思ひ込ますマッカーサーの企てに抗す術もなく、転嫁《てんか》された全責任を一身に負い、無念と諦観を真実への沈黙に託し、心にもなき言辞に余韻を籠《こ》め、一縷《いちる》の期待を国家の将来に寄せた屈辱、哀憐の宰相としての幣原を〝平和憲法〟生みの親として讃えるが、これこそ幣原を誤解するものであり、幣原を冒とくするものである」

彼は私のインタビューでも幣原の「9条発案説」は「絶対にありえない」と明言しました。さらには細かい字で埋め尽くされたハガキや手紙を何度も送ってきて、父親の関与を重ねて否定しました。幣原が単なる空想的平和主義者ではなかったことを明らかにすることが息子の使命なのだというような気迫を感じましたね。

――一方、この著書には「幣原発案説」を主張する関係者のインタビューも載っています。

**西**　幣原内閣で内閣副書記官長を務めた木内四郎がその人です。彼は「ご令息の道太郎君は、おやじがそんなことを発案するはずはないということを語っているが、はずがないのではなく、むしろあるのだ。幣原総理は、9条は非常によくまとまったと喜んでおられた。マッカーサー元帥も喜んでいた。両者が相談をして決めたということになっている」と語っていました。

私は読者が客観的に真相を分析できるよう、可能なかぎり多くの証言を盛り込もうと考えました。

このように、9条の発案者はいまだ特定できていません。ちなみに、「財政」の章の草案づくりを担当したフランク・リゾーは「ホイットニーの言説によれば、戦争放棄条項は、草案が作成された46年2月の段階では、『アワー・オールドマン（マッカーサー）』の発案だったが、朝鮮戦争が勃発した50年6月以降は、『ユア・オールドマン（幣原）』になった」と証言しています。朝鮮戦争の勃発によって、米国内では「日本の非武装化ははたして正しかったのか」という議論が起こるようになりました。マッカーサーは大統領選に打って出ようとしていたこともあり、批判材料になりそうな9条の発案者を幣原に押しつけようとしたのではないか、というのが私の推測です。

――「ハラケンさん」の愛称で有名な原健三郎元衆院議長の証言も興味深く読みました。

**西** 原は帝国議会の衆院特別委員会で、「英文憲法は非常に流暢で意味がよくわかる。けだし名文であります。しかるにこの日本文のいわゆる憲法草案は、まことにお粗末で、中学生の英文和訳のごとき感のある個所が随所にあります。一言にしてつくすならば、けだし悪文であります。私はこういう悪文の草案を後世に残すことをはなはだ恥辱とするものであります」と発言しています。オレゴン大学大学院を出た彼は英語が得意で、インタビューに「英文の憲法案が最初にあって、それを日本側が訳した。この一事をみても、押しつけ憲法であることは、間違いない」と答えています。

## 共産党は一か条にも賛成しなかった

――「リベラル」「左派」と目される人たちも国会の場でこの憲法を批判しました。東京帝国大学総長だった南原繁《なんばら》もその一人です。

**西** 貴族院議員だった南原は、本会議で「日本政府がこの憲法の改正に対して、最後まで自主自律的に、自らの責任をもってこれを決行することができなかったことをきわめて遺憾に感じ、国民の不幸、国民の恥辱とさえ感じておるのでございます」「この草案は、あたかも何かの都合で初め、ひとまず英文でまとめておいてそれを日本文に訳した如き印象を与えるのであります」と批判的に質問しています。

南原はサンフランシスコ講和条約の締結に際して全面講和を主張し、単独講和を進める政府を激しく糾弾、当時の首相だった吉田から「曲学阿世」と批判された人物です。今では「リベラル」と評される彼でさえ、成立過程に本質的な疑問を提起するほど、この憲法は広く違和感をもたれていたことがわかります。

また、同じく貴族院議員として憲法審議に参加した東京帝国大学法学部憲法担当教授の宮澤俊義は、今でこそ〝護憲派の精神的支柱〟として有名ですが、当時は貴族院小委員会で、この憲法をつぎのように評しています。

「憲法全体が自発的にできているものではない。(GHQによって)指令されている事実はやがて一般に知れることと思う」

宮澤は1945年9月、外務省で「帝国憲法は民主主義を否定するものではなく、十分民主主義的傾向を助成しうるものである」という認識を示し、ポツダム宣言を受諾しても、明治憲法の一部の修正で事足りるとも論じていますが、後に明治憲法を激しく批判し、文芸評論家の江藤淳の言葉を借りれば「コペルニクス的転向」を果たすことになります。GHQによる公職追放の対象になることを怖れ、憲法へのスタンスを変えたのではないかという見方もあります。

——今では一切の改憲を許さない共産党もこの憲法に強く反発していましたね。同党は当時、独自の『日本人民共和国憲法（草案）』も発表しています。

**西**　共産党を代表して野坂参三衆院議員は国会で「これは憲法ではなくて、小説である。非常に危険な新しい神秘説だ」と言及しました。また、「（9条は）一個の空文にすぎない（略）。わが国の自衛権を放棄して民族の独立を危うくする危険がある。それゆえにわが党は、民族独立のためにこの憲法に反対しなければならない」などと主張し、同党は一か条にも賛同することなく、最後まで絶対反対を貫きます。今の共産党は「日本国憲法の全文を守る」と断言していますが、変節した理由を国民に説明すべきではないでしょうか。自民党はこの点をもっと追及すべきだと思います。

――帝国議会における憲法審議では社会党も存在感を示しました。

**西**　社会党は政府提出の日本国憲法案に対し、大幅な修正案を提示しました。注目すべきは、政府案における「義務」の少なさを指摘する一方、社会主義の立場から多くの権利の導入を求めた点です。採用はされませんでしたが、同党は「国民の家庭生活は保護される」「才能あつて資力なき青年の高等教育は国費を以てする」の挿入を提示しました。また、同党の森戸辰男衆院議員は「新憲法が民主主義の徹底、わけても経済的基本人権の規定においていまだ不十分であることを国民に訴へ、適当な時機を捉えてこれが改正をはかるべきである」と主張しました。後身の社民党はこの方針を引き継いだ方が国民の支持を

## 日本共産党と憲法9条

1946年8月24日　共産党を代表した野坂参三氏の演説
(『官報号外　昭和21年8月25日　衆議院議事速記録第35号』より。原文カタカナ)

「当草案は戦争一般の拋棄を規定しています、之に対して共産党は他国との戦争の拋棄のみを規定することを要求しました、更に他国間の戦争に絶対に参加しないことを明記することを要求しましたが、是等の要求は否定されました、此の問題は我が国と民族の将来に取つて極めて重要な問題であります、殊に現在の如き国際的不安定の状態の下に於いて特に重要である、芦田委員長及び其の他の委員は、日本が国際平和の為に積極的に寄与することを要望されましたが、勿論是は宜しいことであります、併し現在の日本に取つて是は一個の空文に過ぎない、政治的に経済的に殆ど無力に近い日本が、国際平和の為に何が一体出来やうか、此のやうな日本を世界の何処の国が相手にするであらうか、我々は此のやうな平和主義の空文を弄する代りに、今日の日本に取つて相応しい、又実質的な態度を執るべきであると考えるのであります、それはどう云ふことかと言へば、如何なる国際紛争にも日本は絶対に参加しないと云ふことである、……要するに当憲法案第二章は、我が国の自衛権を拋棄して民族の独立を危くする危険がある、それ故に我が党は民族独立の為に此の憲法に反対しなければならない、(中略)我々は当憲法が可決された後に於いても、将来当憲法の修正に付て努力するの権利を保留して、私の反対演説を終る次第であります」

得られると思うのですが、最近の凋落ぶりを見ると、「とき、すでに遅し」なのかもしれませんね。

## 「押しつけ憲法」であることは明らか

——関係者の証言を読めば、この国の最高法規が「押しつけ憲法」であることは明らかです。

**西**　はい。日本国憲法の草案がGHQによって英文で日本政府に示されたこと。そして、日本国憲法が極東委員会の同意を得られなければ成立しなかった事実を否定することはできません。極東委員会の意向で66条に追加された「文民条項」にいたっては、衆議院で1分も審議されることなく採択されました。このシビリアン条項は、いわゆる「芦田修正」によって「日本の自衛戦力（軍隊）の保持は認められることになった」という解釈を受け入れる代わりに、極東委員会が憲法への追加を求めたものです。憲法解釈上、とくに9条解釈との関連で不可分というべき重要な意味をもつ文民条項の議論が、衆議院で一切なされぬまま盛り込まれたことを「押しつけ」と言わずしてなんと言うのでしょうか。

貴族院議員だった高木八尺《やさか》はGHQとの関係について当時、「自由討議をせよといいながら、いろいろと注文をつけることは矛盾ではないか」と反発しています。同じく貴族院議員の橋本實斐《さねあや》も後に「国民の自由意志でもってやったとアメリカはしきりにいうのだが、これはとり方の問題であって、向こうがコーやれ、アーやれで、こちらがやろうと思うと、その手は挙げさせないということが起こってね。それでできた憲法だから、どうしたって押しつけ憲法だということは、言葉は荒いかもしれないが、どうしても問題として起こる」と振り返っています。要するに、朝海が私のインタビューに答えた通り、憲法の重要な部分については、「交渉の余地がなかった」ことは間違いありません。

――最後にこの国の憲法に対する思いをお聞かせください。

**西**　この本のカバーに書いたメッセージに尽きます。

「本来、憲法は、その国の国民が最初から最後まで苦吟しつつ作成するのが通常のあるべき姿です。異常な成立経緯をいつまで引きずるのか。いまを生きる私たちみんなが真摯《しんし》に考究していくべき課題ではないでしょうか」

２０１９年2月の正論大賞贈呈式の挨拶でも言いましたが、ＮＨＫの5歳の女の子、チコちゃんに「ボーっと生きてんじゃねーよ！」と叱られないよう、右であれ、左であれ、保守であれ、革新であれ、真の平和を守るための憲法を一から考え直すべきです。憲法が施行されてから70年以上がたち、しかも令和の新時代を迎える今、日本人は目覚めなければなりません。

国会の憲法審査会の開催すら許さない立憲民主党や共産党など護憲政党の振る舞いは、民主主義、立憲主義、国民主権を完全に否定しており、大いに批判されるべきです。終戦時の憲法国会で論戦を挑んだ先人たちの意気込みを見習ってほしいと思います。

（聞き手＝産経新聞記者・内藤慎二氏、雑誌『正論』２０１９年6月号）

# 第3章

# 9条への正論

## 朝日「憲法社説」の誤りを正す

### 自衛隊を「9条の例外」と記述

2017（平成29）年5月9日付の朝日新聞「社説」に紹介された憲法9条に関する政府解釈の理解は、完全に誤っている。一見して誤りであることに気づくので、何かフォローがあるかと思っていたが、これまでのところ、何もないようなので、ここで取り上げることとしたい。

同社説はつぎのように記述する。

「自衛隊は歴代内閣の憲法解釈で一貫して合憲とされてきた。9条は1項で戦争放棄をうたい、2項で戦力不保持を定めている。あらゆる武力行使を禁じる文言に見えるが、外部の武力攻撃から国民の生命や自由を守ることは政府の最優先の責務である。そのための必要最小限度の武力行使と実力組織の保有は、9条の例外として許容される――。そう解されてきた」

問題は、自衛隊の存在を政府が「9条の例外」として許容してきたのかという点である。

この点について、2016年9月に内閣法制局が情報公開した『憲法関係答弁例集（第9条・憲法解釈関係）』で確認してみよう。同答弁例集の最初の項目には「憲法第9条と自衛権（自衛隊の合憲性）」との表題のもとに、以下のように記されている。

「憲法第9条は、我が国に対する武力攻撃が発生した場合のほか、我が国と密接な関係にある他国に対する武力攻撃が発生し、これにより我が国の存立が脅かされ、国民の生命、自由及び幸福追求の権利が根底から覆される明白な危険がある場合における我が国が主権国としてもつ固有の自衛権まで否定する趣旨のものではなく、自衛のための必要最小限度の実力を行使することは認められているところである。

同条第2項は、『戦力の保持』を禁止しているが、自衛権の行使を裏づける自衛のための必要最小限度の実力を保持することまでも禁止する趣旨のものではなく、この限度を超える実力を保持することを禁止するものである。

我が国を防衛するための必要最小限度の実力組織としての自衛隊は、憲法に違反するものではない」

## 協議を重ねた結果なのか

政府は、９条全体について、わが国が主権国家として固有の自衛権をもつことを否定しておらず、自衛のための必要最小限度の実力を行使することは認められるとしたうえで、第２項については、「戦力の保持」を禁止しているが、「必要最小限度の実力組織としての自衛隊」は、禁止されている「戦力」にあたらず、合憲だというのである。

政府は、一貫して、自衛隊の存在は「９条の枠内」で、合憲であると説明してきている。政府は、憲法上、自衛権行使の手段として、「戦力」（自衛のための必要最小限度の実力を超える実力）と「自衛力」（自衛のための必要最小限度の実力）とがあり、「自衛力」（＝自衛隊）の保持は合憲であるとの立場をとっている。

政府が自衛隊の存在を「９条の例外」と解釈すれば、９条軽視として厳しく糾弾され、とても耐えることができないだろう。

いったい朝日社説は、どの部分をもって、「９条の例外」として、政府が自衛隊を許容してきているというのだろうか。「社説」は、論説委員が十分に協議した結果、社論として外部に発表するものであろう。一記者の記事とは本質的に異なる。まして、朝日は９条にかかわる政府批判の急先鋒《せんぽう》としての姿勢をとってきている。しかしながら、批判すべき政府の第９条解釈を正しく理解していないとすれば、その批判の根拠はきわめて薄弱なものとなる。信用にかかわろう。

## 改正で疑義の解消が必要だ

朝日は、今後も当該社説の通り、政府の自衛隊合憲の根拠を「9条の例外」としてとらえ続けていくのだろうか。そもそも朝日は、自衛隊を合憲、違憲のいずれの存在として解釈しているのか。合憲ならばその根拠は何か？　自衛隊は、政府解釈と同じように、「戦力」でないという立場なのか、あるいはその実態からみて、「戦力」とみるのか。もし、「戦力」であるとみるのならば、その「不保持」を明記している条項との関係でどう説明するのか。

自衛隊が違憲の存在であるとすれば、わが国の安全をいかにして担保するのか。みずからの立ち位置をはっきり示すことが必要ではないのか。多くの人たちがもっとも知りたいことではないだろうか。

政府の解釈は、たしかにわかりにくい。そのわかりにくさをいつまで放置しておくのか。また、憲法学者の多くや一部政党は、自衛隊を違憲の存在と解している。自衛隊が発足してから65年がたち、国民の間に定着してきている。自衛隊をきちっと憲法に位置づけ、解釈上の疑義を解消することが求められる所以《ゆえん》である。

国際平和の希求と推進をうたう9条1項を残しつつ、平和と安全を保持するための国防組織をどう憲法に組み込めばよいのか。ここに焦点をあてた憲法改正論議が進められなければならない。

（2017年5月24日）

【追記】政府の憲法9条解釈に関する朝日新聞の誤った「社説」は、いまだに訂正されていないようだ。拙稿が「正論」欄に掲載されてから、3人の朝日新聞記者と会う機会があった。いずれも私が同紙の「社説」の誤りを指摘していたことを知っていた、署名入りの記事を書く有力な記者たちである。私がそのことをたずねると、「部署が違うので」、「私は当時かかわっていなかったので」が答えだった。自社の「社説」であるにもかかわらず、他人事という感じだった。社として、誤った政府解釈をそのままにしておくのだろうか。一方で、安倍晋三総理の憲法9条関連の動向については、社が一丸となって批判している。「何か変な組織体」と感じるのは、私だけだろうか。

## 9条論議の混迷に終止符を打て

### 芦田修正後の「事実」を検証する

憲法9条論議の最大の盲点は、いわゆる芦田修正後のファクト（事実）を検証してこなかったところにある。

繰り返し述べていることであるが、芦田修正とは、2項の冒頭に「前項の目的を達するため」の文言を入れたことを指す。それによって、1項の目的、すなわち侵略戦争をしないという目的のためには戦力を保持しないのであって、換言すれば、自衛のためには戦力の保持は可能になるという解釈が導き出される。

芦田修正が衆議院を通過したのは、1946（昭和21）年8月24日のことである。この修正後、何があったのか。以下で簡単に整理しよう。

修正に対して敏感に反応したのが、極東委員会（FEC）である。FECでは、修正は9条の意味を根本的に変更したものであると判断し、熱論が交わされた。

まず9月19日、ソ連代表から「すべての大臣は、シビリアン（文民）でなければならない」との条項を導入することが提案され、翌20日、第3委員会で以下の声明が採択された。「憲法9条は、衆議院で修正され、その結果、自衛の目的であれば、軍隊の保持が認められうると解釈されるようになった。そのようになれば、大臣に軍人を含めることが可能になる。それゆえ、当委員会は、内閣総理大臣を含むすべての大臣がシビリアンでなければならないことを導入するよう勧告する」

そして21日に開催された第27回総会で、各国代表からさまざまの意見が出された。そのうち、カナダ代表と中国代表の言を引こう。

## 軍隊保持に付加された文民統制

カナダ代表「衆議院で修正されたことにより、公的に承認された陸軍大将、海軍大将その他の将官が存在するようになろうことは、まったく考えられるところであり、すべての閣僚はシビリアンでなければならないという規定があれば、将官が閣僚に任命される可能性の問題は起こりえない」

中国代表「常識は、われわれにつぎのことを告げるであろう。すなわち、日本国は戦争目的や国際紛争を解決するための威嚇として軍事力を行使すること以外の目的であれば、軍隊の保持は認められることになろう」

こうして、日本国憲法にシビリアン条項を導入することがＦＥＣで政策決定された。その背景には以下の共通認識があった。

①芦田修正により、自衛のための軍隊保持が可能になる、②そうすれば軍人が誕生し、軍人が大臣になりえる、③明治憲法体制下でみられたように、軍人が政治に影響を与えるミリタリー・コントロールになる恐れがある、④そのような事態を絶対に避けるには、大臣はすべてシビリアン、すなわち非軍人であることを憲法に書きこむ必要がある。――実に論理的ではないか。

この政策決定が正式に採択されるのは９月25日のことであるが、連合国軍最高司令官マッカーサー元帥は22日、陸軍省より至急電でその情報を受け取ると、24日、民政局長のホイットニーと次長のケーディスを吉田茂首相のもとに遣《つか》わした。マッカーサーが迅速な行動をとったのは、連合国総司令部（ＧＨＱ）がＦＥＣの政策決定に従わなければならなかったことと、貴族院での憲法審議が大詰めの段階に来ていたからである。

ここで致命的な問題は、マッカーサーがホイットニーらにシビリアン条項の導入要請が、芦田修正と深くかかわっていることを十分に説明しなかったことである。

要請を受けた日本政府が大いに戸惑ったことはいうまでもない。

すでに９条で「陸海空軍その他の戦力」の不保持を定め、軍人（非シビリアン）の存在はありえないのに、なぜシビリアン条項が必要なのか。

## 解釈の仕方ではなく事実の問題だ

政府は、この要請は当時おこなわれていた公職追放の延長線上にあるものと考え、シビリアンに「武官の職歴を有しない者」との訳語をあてた。本来、シビリアンとは「現在、軍人でない者」をいうのであって、過去の職歴を問うものではない。完全に的がぼけている。27日、日本側の担当者、佐藤達夫法制局次長がケーディスと面会し、そのいきさつをたずねたところ、ケーディスはＦＥＣで芦田修正との関連が契機になったのではないかとの推測を述べた。

これに対して佐藤は、「（関連づけは）言いがかりにすぎない」と一蹴している。政府は、文民条項の導入要求が９条の修正に起因しているとは思いもよらなかったのである。

政府が芦田修正後のＦＥＣでの審議状況を把握しないまま解釈してきたことが、９条論議の混迷を招いている最大の要因だ。その混迷をときほぐすには、芦田修正後、ＦＥＣでの議論などを再検証し、芦田修正と文民条項との不可分性を認識する必要がある。これは解釈の仕方の問題ではない。事実の確認の問題である。本稿がその一助になることを期待したい。

（２０１７年11月27日）

## 憲法改正素案に対する私の提案

自民党は2018（平成30）年3月24日、憲法改正に関し、4項目からなる「条文イメージ」（たたき台素案、以下で改正素案という）を決定した。

4項目とは、①自衛隊の存在を憲法に位置づける、②大規模地震災害を中心とする緊急事態条項を設ける、③参議院選挙を都道府県単位にする、④教育の重要性と環境の整備を明記する――をおもな内容とする。

このうち、現行の9条1項と2項をそのまま維持し、その後に9条の2を追加して、自衛隊を明記したことが最大のポイントなので、この点に焦点をあてて論ずることにしたい。

### 読んですんなり理解できるか

まず改正素案9条の2の規定は、以下のようである。

「①前条の規定は、我が国の平和と独立を守り、国及び国民の安全を保つために必要な自衛の措置をとることを妨げず、そのための実力組織として、法律の定めるところにより、内閣の首長たる内閣総理大臣を最高の指揮監督者とする自衛隊を保持する。
②自衛隊の行動は、法律の定めるところにより、国会の承認その他の統制に服する」
私は、憲法には平和条項とともに、平和を担保するための安全保障措置条項を設定するのが本来のあるべき憲法構造であること、いまだに根強く存在する自衛隊違憲論を解消すべきこと、国民の合意を得るため現実的な改正案にすること――が必要であると考える。それにかんがみ、9条の2を新設し、自衛隊を明記することが望ましいと唱えてきているので、改正素案の提示を歓迎する。

しかしながら、党内のさまざまな意見を調整することに重きをおいたために、煩雑で非常にわかりにくくなっている。上記の改正素案を読んで、すんなり理解できる国民はどれほどいるだろうか。もっとも大切なシンプルさ（＝国民のわかりやすさ）が欠けているように思われてならない。

## 趣旨を簡潔かつ明確に規定せよ

自民党が改正素案で打ち出そうとしたのは、従来の政府解釈に変更を加えず、自衛隊を憲法に位置づけ、その際、自衛隊の行動について、文民統制に服する旨を明記することであろう。そうであれば、その趣旨を簡潔かつ明確に規定すればよいだけのことである。

私は、つぎのように書き換えるのが適切であると考える。

「①日本国は、その平和と独立を守り、国及び国民の安全を保つための実力組織として、法律の定めるところにより、内閣総理大臣を最高の指揮監督者とする自衛隊を保持する。

（②は改正素案のまま）」

以下でその理由を述べる。

第1に、もともと現行の9条2項冒頭が「前項の目的を達するため」と規定され、「前項の目的」の意味を理解する必要がある。それ自体、なかなか難しい。

そのうえ、9条の2の冒頭に「前条の規定は……を妨げず」との記述があると、前条全体の意味を反芻《はんすう》し、さらに本条との関係を把握しなければならず、困難さが倍加する。

第2に、「前条の規定は……を妨げず」ということは、前条つまり現行の9条が「我が国の平和と独立を守り、国及び国民の安全を保つために必要な自衛の措置をとること」を妨げていると読める。政府は、「自衛のための必要最小限度の実力の保持」を合憲と解釈してきており、妨げていない。政府解釈の踏襲という点で疑問だ。

## 完成度の高い条項へ衆知集めよ

第3に、「必要な自衛の措置」は不要である。この語は「自衛権」を憲法に入れるよう

### 国連憲章51条

この憲章のいかなる規定も、国際連合加盟国に対して武力攻撃が発生した場合には、安全保障理事会が国際の平和および安全の維持に必要な措置をとるまでの間、個別的または集団的自衛の固有の権利を害するものではない。この自衛権の行使にあたって加盟国がとった措置は、直ちに安全保障理事会に報告しなければならない。また、この措置は、安全保障理事会が国際の平和および安全の維持または回復のために必要と認める行動をいつでもとるこの憲章にもとづく権能および責任に対しては、いかなる影響も及ぼすものではない。

に主張したグループに配慮したとされるが、独立国家が「自衛権」を保有することはごく当然であって、憲法に規定するまでもない。国連憲章51条は、国連加盟国が個別的自衛権も、集団的自衛権も保有していることは「固有の権利」であると明記している。

各国憲法を見るに、自国の国防組織に「必要な自衛の措置」という枕詞《まくらことば》を付している国を私は知らない。

第4に、「内閣の首長たる内閣総理大臣」中、「内閣の首長たる」語も不要である。なぜならば、憲法66条1項に「内閣の首長たる内閣総理大臣」とあり、限られた語数で構成されるべき憲法に、何度も同じ言葉を使用するのは無駄と思われるからである。

そして第5に、国際的視点が欠けている。日本国民ですら、はなはだわかりづらいのに、国際社会で理解されるだろうか。憲法の国際見本市へ改正素案を出品して、高い評価が得られるとはとうてい考えられない。

自民党が提起した「たたき台素案」をさまざまの角度から検討し、より完成度の高い条項にするため衆知を集めることが求められよう。

日本国憲法が施行されてから71年を迎えるにあたり、国際社会の動向を見据え、9条のありようを、真摯に考究していこうではないか。

（2018年5月1日）

## 保管された9条「怪文書」の謎

「森友」「加計」「日報」など、公文書の管理をめぐって大きな問題になっている。いやしくも公文書が改竄《かいざん》、隠蔽《いんぺい》されるべきでないことは当然だ。

ところで、「改竄された非公文書」が国立の公文書館に保管されていたら、どのように取り扱われるべきであろうか。しかもそれが、日本国憲法の成立過程に微妙かつ重大な影響を与える文書であるとすれば……。

### GHQが文言の追加を指示

事態を簡単に説明しよう。この怪文書（以下でX文書という）は、憲法9条の発案者にかかわるものである。周知のように、9条の発案者をめぐっては諸説あるが、究極のところ、連合国軍最高指令官、ダグラス・マッカーサー元帥発案説か、ときの首相、幣原喜重郎発案説かに分かれる。

一般にはマッカーサー発案説が有力であり、マッカーサーもその幕僚たちも、占領政策としての日本非武装化の延長線上に戦争放棄条項を日本国憲法へ導入したことについて、その先見性を喧伝していた。しかし、１９５０（昭和25）年６月25日に朝鮮戦争が勃発すると一転し、その非戦略性と空想性が批判されるようになる。

マッカーサーは朝鮮半島有事に対処するため、同年８月10日、自衛隊の起源にあたる警察予備隊を設置すべく政令を発し、７万５千人の制服隊員の募集を「許可」した。

戦争が激化した同年11月、ニッポン・タイムズ社の村田聖明記者が、その前年に連合国総司令部（ＧＨＱ）民政局により刊行された『日本の政治的再編成』（"*Political Reorientation of Japan*"）を読み、読者に紹介したいと考えた。公けにされているので問題はないと思ったが、念のためＧＨＱへ原稿案を持参したところ、担当の少佐から2、３日後にＸ文書が渡され、一つだけ条件がつけられた。

当該Ｘ文書には、戦争放棄条項を定めた『マッカーサー・ノート』第2原則に、以下の文言をかっこ書きで加えよ、と記されていた。それは（この考えは、最初に当時の幣原首相から最高司令官に提起され、司令官は直ちにこれに心から支持を与えた）というものだった。

## マッカーサーに相談した？

要するに、戦争放棄条項は幣原首相の発案によることを明記することが、掲載の条件だったのである。X文書には日付も署名も記されていなかった。『日本の政治的再編成』のどこにもかっこ書きがない。まさに改竄文書である。

なぜこのようなかっこ書きが必要だったのか。それは、日本の憲法に戦争放棄条項を押しつけたGHQの責任が米国本土や国際社会で問われるかもしれないことを恐れたからである。村田記者は、このかっこ書きはマッカーサーとの相談のうえ加えられたのではないかと推測している（読売新聞、1976年6月4日）。

それからすでに68年が経過している。私は先ごろ外交史料館を訪れたら、X文書がまったく関係のない「皇室典範に関する交渉の経緯」という資料の末尾に一枚だけ挟み込まれていた。「帝国憲法改正関係資料集」第1巻には、この資料を含む多くの文書が収められており、すべて「目次」が付されている。X文書は、「目次」には記載されていない「非公文書」である。

いったいX文書は、いつ、だれが、どんな経緯で、なぜ外交史料館に保管されるようになったのか、不明のままだ。もちろん、記録として、新聞などを参考に残しておくことは有益である。ただその際、日付が付され、保管する理由が第三者に理解されるように整理されるのが通常である。

## 外交史料館は適切な処理を

得体のまったく知れないX文書は、外交史料館に保管されておくべきなのか。護憲派は、9条について幣原発案説をとり、日本国憲法の「押しつけ性」を否定している。私が強く懸念するのは、外交史料館に正体不明のX文書が残され、後世のひとたちがこの文書をよりどころに幣原発案説を唱えるのではないかということである。

私はX文書を、手続きをへて廃棄するか、あるいはその残されている経緯を付したうえで保管することが、適切な処理方法でないかと考える。

最後に、私が民政局で『マッカーサー草案』の起草に参画した2人から聞いた証言を紹介しておこう。一つはフランク・リゾーの言辞で、マッカーサーの無二の部下を自任していた民政局長のコートニー・ホイットニーが、彼にこう述べたという。「朝鮮戦争が始まる前は、9条の発案はアワー・オールドマン（マッカーサー元帥を指す）と言っていましたが、戦争後はユア・オールドマン（幣原首相を指す）と言い始めました」

もう一つは民政局次長で、マッカーサー草案作成の中心人物、チャールズ・ケーディスの言葉である。「私は、マッカーサー・幣原会談に同席していないので真相はわかりませんが、いろいろなことを考慮した結果、ミステリアスというのが私の結論です」

（2018年7月6日）

## 集団的自衛権は違憲といえるか

憲法と集団的自衛権との関係をどう考えればよいのだろうか。以下で私見を披瀝《ひれき》し、ご批判を賜りたい。

### 最大のねらいは抑止効果

集団的自衛権とは、1949（昭和24）年の北大西洋条約5条が典型的に示しているように、同盟国のいずれか一か国に対する武力攻撃を同盟国全体に対する攻撃とみなして、兵力の使用を含め、共同で防衛する権利を基本とする。その最大のねらいは、抑止効果にある。抑止効果にもとづき、自国の防衛に資することを本質とする。

国連憲章51条は、このような集団的自衛権を個別的自衛権とともに、加盟各国が有する「固有の権利」であると定めている（本書96頁囲み参照）。「固有の権利」は、国連で公用語とされている仏語でも中国語でも「自然権」と訳されている。人が生まれながらにしてもっている権利が自然権であるように、国家がその存立のために当然に保有している権利が個別的自衛権であり、集団的自衛権なのである。

なぜ、集団的自衛権が国連憲章に入れられているのか。それは、アメリカ、イギリス、フランス、ロシアおよび中国の5大国が拒否権をもつ集団安全保障体制だけでは、自国の防衛を期待できないからである。現在の集団安保体制では、ある国が国連憲章に反するような行為をおこなえば、最終的には軍事的措置を講じることができるが、そのためには上記5か国のすべてを含む安全保障理事国15か国のうち、9か国の賛成が必要である。とくに常任理事国5か国中、いずれか一か国でも反対すれば、効果的な措置をとることができない。そんな間隙《かんげき》を埋めるための有効な措置として存在するのが集団的自衛権なのである。

こんにち、北大西洋条約や、米州相互援助条約などの多国間条約をはじめ、米韓相互防衛条約、米フィリピン相互防衛条約などの2国間条約などが張りめぐらされ、自国防衛の用に供している。

## 国家存立のために必要な措置

日本国憲法は、自衛権の行使を否定していない。このことは、政府が日本国憲法の制定以来、言い続けてきたことだ。また、1959（昭和34）年12月16日の砂川事件に対する最高裁判所大法廷判決は、つぎのように明言している。

「わが憲法の平和主義は決して無防備、無抵抗を定めたものではないのである。(中略)わが国が、自国の平和と安全を維持しその存立を全うするために必要な自衛のための措置をとりうることは、国家固有の権能の行使として当然のことといわなければならない。(中略)憲法九条は、わが国がその平和と安全を維持するために他国に安全保障を求めることを、何ら禁ずるものではないのである」

政府は、国連加盟に際し、何ら留保を付さなかった。それゆえ、本来、自衛権のなかに個別的自衛権と集団的自衛権をともに入れて解釈すべきだった。現在の政府統一解釈は、1981(昭和56)年5月29日の『答弁書』によっている。

「我が国が、国際法上、このような集団的自衛権を有していることは、主権国家である以上、当然であるが、憲法第九条の下において許容されている自衛権の行使は、我が国を防衛するため必要最小限度の範囲にとどまるべきものであると解しており、集団的自衛権を行使することは、その範囲を超えるものであって、憲法上許されないと考えている」

この答弁書は、1972(昭和47)年10月14日の政府提出『資料』に依拠する。当時は、「非武装と反安保」を唱える社会党が一定の勢力を保ち、同党の執拗《しつよう》な攻撃に対して、政府は防戦を余儀なくされた。したがって、論理的な帰結というよりも、政治的な解決という色彩が色濃く反映された結果といえる。

## 政策判断上の問題だ

「日本は主権国家であり、憲法上、自衛権の行使が否定されていないのならば、なぜ集団的自衛権の行使が認められないのか。国際法上、主権国家として当然に認められている集団的自衛権の行使を認めないというのは、日本は主権国家ではないというのか。集団的自衛権の行使は、なぜ憲法上、許される必要最小限度を超えるのか。憲法上、許される必要最小限度の集団的自衛権の行使はありうるのではないか」

そんな根本的疑問に十分に答えないまま、何十年も過ぎてきたのが現状だ。そしてそこに解釈上の「切れ目」が生じていたわけである。

私の結論は、つぎの通りである。憲法9条は自衛権の行使を否定していないのであるから、集団的自衛権の行使は憲法解釈上の問題ではなくて、政策判断上の問題である。ただし、その場合、憲法の平和理念、とりわけ9条1項の冒頭に掲げられている「正義と秩序を基調とする国際平和を誠実に希求」するという国民の尊い願いに沿うものでなければならない。また、行使の範囲については、国会で審議が尽くされるべきである。

なお、集団的自衛権を合憲、あるいは少なくとも違憲とはいえないという立場をとる憲法学者は、少なからず存在することを付言しておきたい。

（2015年6月12日）

## 「集団的自衛権」蘇らせた砂川判決

最近、自民党の高村《こうむら》正彦副総裁が集団的自衛権の「限定容認論」を推進する根拠として1959（昭和34）年12月16日にくだされた砂川事件に関する最高裁判所大法廷判決を引き合いに出したことから、同判決が再び脚光を浴びている。

### 否定せずとの高村説に軍配

焦点の一つは判決が集団的自衛権を認めているかどうかにある。高村副総裁は「否定していない」という立場に立つのに対し、公明党幹部らはあくまで個別的自衛権に言及したにすぎないと主張する。私自身は判決は集団的自衛権を十分視野に入れており、高村副総裁の見方に分があると考える。

その理由は3つある。第1に、日米安保条約の合憲性が問題とされたこと自体、個別的自衛権の範囲を超えている。自衛隊の合憲性が問題になったというのであれば、個別的自衛権といえるが、日米安保条約は、わが国の安全のために米国が集団的自衛権を行使することを内容としている。判決は明確に論及している。

「国際連合憲章がすべての国の個別的および集団的自衛の固有の権利を有することを承認しているのに基き、わが国の防衛のための暫定措置として、武力攻撃を阻止するため、わが国はアメリカ合衆国がわが国内およびその付近にその軍隊を配備する権利を許容する等、わが国の安全と防衛を確保するに必要な事項を定めるにあることは明瞭である」

第2に、東京地検から最高裁に提出された『上告趣意』は「日米安全保障条約と国際連合憲章との関係」の項目を設け、両者の関係に詳細にふれていることである。

「集団的自衛権とは、一般に、自国が武力攻撃の対象である場合だけでなく、他国の安全や独立が自国の安全や独立に死活的であると認められるとき、その他国に武力攻撃が加えられた場合にも、自衛措置に訴えることが許される権利であり、国際連合憲章において、その正当性が承認されているのである」

## 自衛はすなわち「他衛」

この定義は、1981（昭和56）年5月に内閣法制局の統一解釈で示された「自国と密接な関係にある外国に対する武力攻撃を、自国が直接攻撃されていないにもかかわらず、武力をもって阻止する権利」という定義と比べて、よほど研究の跡がうかがえる。いったい、内閣法制局は同じ国家機関が59（昭和34）年時にくだした定義を参考にしなかったのだろうか。もしそうなら、はなはだ勉強不足といわなければならない。

そして第3に、田中耕太郎最高裁長官の「補足意見」の記述による。大法廷判決は15人の裁判官による全員一致のものだが、7人の「補足意見」と3人の「意見」が付されている。田中長官の「補足意見」中キーワーズを引用する。

「一国の自衛は国際社会における道義的義務でもある。（中略）今日はもはや厳格なる意味での自衛の観念は存在せず、自衛はすなわち『他衛』、他衛はすなわち自衛という関係があるのみである。従って自国の防衛にしろ、他国の防衛への協力にしろ、各国はこれについて義務を負担しているのである。（中略）自国の防衛を全然考慮しない態度はもちろん、これだけを考えて他の国々の防衛に熱意と関心とをもたない態度も、憲法前文にいわゆる『自国のことのみに専念』する国家的利己主義であって、真の平和主義に忠実なものとはいえない」

まさに集団的自衛権の容認そのものではないか。田中長官以外にも、国連憲章51条の個別的自衛権と集団的自衛権とにふれている裁判官は何人もおり、集団的自衛権が意識されていたことは判決自体が示している。

### 最高裁判所における多数意見、補足意見、意見、反対意見

最高裁判所の判決文には、各裁判官の意見を表示しなければならない(裁判所法11条)。意見として、「多数意見」(「法廷意見」)、「補足意見」(判決主文に基本的に同調するが、意見を補足する)、「意見」(主文に同意するが、理由づけを異にする)、「反対意見」(主文の結論とは異なる意見)がある。

判決では、法廷意見のほか、7人の補足意見と、3人の意見が述べられている。このうち、奥野健一、高橋潔判事は、以下のごとく、日米安保条約は合憲であるとする「意見」を述べた。「憲法9条1項は何らわが国の自衛権の権限・禁止にふれたものではなく、『国の自衛権』は国際法上何《いず》れの主権国にも認められた『固有の権利』として当然わが国もこれを保持するものと解するべく、一方、憲法前文によっても明らかなように、憲法はわが国の『生存権』を確認しているのである。(中略)右特定国(米国)軍隊をわが国の領土に駐留することを許容したからといって、それはわが国の自衛権ないし主権に基く防衛措置に外《ほか》ならないのであるから、憲法前文の平和主義に反するものではなく、また、憲法9条2項の禁止するところではない」

## 世界の平和維持に寄与する

大法廷判決は、最終的には、日米安保条約が「高度に政治的性格を有するもので、純粋な司法審査になじまない」として、その合憲性については判断を控えたが、「憲法9条は、わが国が主権国として有する固有の自衛権をなんら否定していない」、「わが国が自国の平和と安全を維持し、その存立を全うするために必要な手段をとりうることは、国家の固有の権能の行使であり、憲法はこれをなんら禁止していない」、「憲法は、わが国の平和と安全を維持するためにふさわしい方式または手段であるかぎり、国際情勢の実情に即し、適当と認められる以上、他国に安全保障を求めることをなんら禁ずるものではない」(要旨)などの憲法解釈を提示している。

自衛権の「国家固有性」を基礎にしつつ、その行使方法として「必要な手段」の採択、「国際情勢の実情」への即応という「柔軟性」を示している点で、重要な意義をもつ。「わが国が武力攻撃を受けたら助けてほしい、しかし貴国が武力攻撃を受けたら憲法上、助けることができません」という態度は、「国家的利己主義」以外の何ものでもない。密接な関係にある国とともに、世界の平和維持にいかに寄与していくべきか、成熟した議論が期待される。

(2014年5月2日)

## 啓蒙思想家たちの「緊急事態」論

### ロック、ルソーらに学べ

2014（平成26）年6月、改正国民投票法が公布・施行された。憲法改正案の提出の場が整ったことになる。早速、この秋の臨時国会から、衆参両院に設けられている憲法審査会で憲法改正案のとりまとめに向けて審議することが求められる。

その際、最優先に検討されるべきは、国家緊急事態条項であろう。これは、外部からの武力攻撃、内乱、大規模な災害などの国家緊急事態にあって国家のとるべき措置条項をいう。

このような条項を取り入れることについて、立憲主義を「憲法はもっぱら国家権力を縛る法」であると捉える立場から、根強い反対の声がある。憲法に導入すれば、基本的人権が制約されることになり、立憲主義の原理に反するというのがおもな理由である。

そこには、個人の人権尊重があっても、社会・政治共同体としての国家の存在意義という観念がない。近年、わが国にあって、国家の存在を極小化することに立憲主義の意義を求めることが、有力な説とされているがごときである。

ここにだれもが知っている3人の近代立憲主義の啓蒙《けいもう》思想家に登場願おう。一人は、社会契約説を唱え、アメリカの独立宣言やフランスの人権宣言にも多大の影響を与えたジョン・ロック(1632～1704年)。『統治論』(宮川透訳、引用は要約、以下同じ)でつぎのようにいう。

「立法者が共同社会に役立つことをすべて予見したり、法によってそれに備えることはできないから、共同社会の利益のために、そしてまた統治の信託とその目的にふさわしく使用されるかぎり、法のさしずを待たずに、また時としてはそれに背いてでも、自己の分別に従って行動することができるのは、国王の大権であり、疑問をさしはさむ余地はない」

ロックは名誉革命にもとづく立憲君主制を支持しており、いざという場合、超法規的な国王の分別に従った行動が許されるというのである。

## 国家が滅亡しないために

2人目は、自由と平等の基本原理としての社会契約説を提唱し、フランス革命に影響を与えたジャン=ジャック・ルソー(1712～78年)。『社会契約論』(井上幸治訳)で以下のように論じる。

「法の持つ硬直性は、事件のなりゆきに順応することを妨げ、法を有害なものにすることもあり、また国家が危機に陥ったときには、法によって国家の滅亡をまねくこともある。もし危険がさらに大きく、それから身を守るのに法律機構が障害となるほどである場合には、一人の最高指導者が任命され、彼はすべての法律を沈黙させ、一時的に主権を停止する。このような場合にも、一般意志の存在は疑いの余地なく、人民の第一の関心は、国家が滅亡しないことにあるのも自明である」

ルソーは共和制を支持しているが、緊急時にあっては一人の最高指導者が主権を一時的に沈黙させても、一般意志（国家の構成員全体に共通する意志）に反しないと説く。

3人目は、三権分立を主唱したシャルル＝ルイ・ド・モンテスキュー（1689〜1755年）。『法の精神』（根岸国孝訳）で、国家は戦争をおこなう権利があるとさえ述べている。「国家の生命は人間の生命と同じである。後者は自然的防衛の場合人を殺す権利がある。前者も自己保存のためには戦争を行う権利がある。国家の自己保存も他のすべての存在と同様に正当だからである」

こうして、近代立憲主義啓蒙思想家たちの言説をみると、国家には「自己保存」の権利があり、国家を滅亡させないことを大前提にして、説を展開している。

わが国で唱えられている立憲主義論は、国家否定ないし国家軽視の上になされている、いわば国家論なき浮草的立憲主義論である。本と末が転倒している。

## 立憲主義にふさわしい討議を

現代立憲国家における国家緊急事態条項が、抑制されたものでなければならないことは当然である。国家の存立あるいは憲法秩序への侵害の除去という限定されたものでなければならないからである。立憲国家は、憲法秩序の維持を第一の課題とする。憲法秩序を保障するための措置、それが国家緊急事態条項であり、その憲法への導入が立憲国家の不可避の憲法構造だといえる。むしろ、国家緊急事態条項の否定は、その立脚点としての国家の存立、国民の権利保全という立憲主義の本質に背理することを認識する必要がある。

世界の憲法を鳥瞰《ちょうかん》するに、国家緊急事態条項を欠いている国家は、ほぼ皆無である。現代世界の憲法動向は、一方で平和をうたい、他方で平和を侵されないために備える国防条項と、万が一、平和が侵犯されたときの措置を講ずる国家緊急事態条項を設定するのが常態となっている。

いつ、どのような場合に、いかなる機関が、どんな手続きをへて（国民の代表たる国会の関与は不可欠）、国家緊急事態に対処するのか。立憲国家にふさわしい成熟した討議を期待したいものだ。

（2014年9月11日）

## あらゆる事態の発生に準備せよ

東日本大震災への菅直人政権の初動対応の稚拙さは、目を覆うばかりであった。法的側面からみれば、災害対策基本法で想定される「災害緊急事態」が布告されず、「重大緊急事態」に対処するための事項を審議すべき安全保障会議が開かれず、情報が一元化されず、指揮命令系統が確立されず、危機管理システムが運用されず、まさに、「されずづくし」だった。

### 「安全・平和」神話崩れた

危機対応の欠如を露呈させた根本的な原因は、国家の緊急時対応を明記していない現行憲法の下で長年にわたり、「平和」「安全」神話に依存してきたことにあったといえる。憲法で「平和」さえうたっていれば、「安全」が保たれると考えられてきて、「想定外の緊急時」を想定するという危機意識が希薄であった。だが、「千年に一度」といわれる大地震が発生し、津波、原発事故という複合災害に遭遇して「平時」の体制で対処することには、限界がある。

地球物理学者にして名エッセイストだった寺田寅彦は、著書『天災と国防』で、わが国が敵国による侵略に備えると同時に、天変地変のごとき自然災害にも準備を怠ってはならぬと力説している。

いうまでもなく、国家の最大の使命は、国の平和と独立を守り、もって国民の生命・身体・財産を保護することにある。国が外からの武力攻撃、外国の教唆《きょうさ》による社会秩序の攪乱《かくらん》、重要施設などを狙ったテロ、世界的大恐慌、大規模自然災害など、平時の法体制では対処できないような緊急事態に立ちいたった場合を想定し、憲法でそれに対応する明文規定を設けておくべきはごく当然のことである。

## 緊急規定ないのは98か国中0

私が１９９０年初頭から２０１１年末までに新しく制定された98か国の憲法を調べたところ、緊急事態対処規定を設けていない憲法は皆無であった。ちなみに憲法に平和条項を設けている国は96に上る。一方で平和主義を掲げ、他方で平和や安寧秩序を侵される場合に備えた措置を明文で規定しておくことは、世界各国共通の憲法構造になっているといっていい。

## 国際人権規約B規約4条1

（市民的および政治的権利に関する国際規約）

国民の生存を脅かす公の緊急事態の場合において、その緊急事態の存在が公式に宣言されているときは、この規約の締約国は、事態の緊急性が真に必要とする限度において、この規約にもとづく義務に違反する措置をとることができる。ただし、その措置は、当該締約国が国際法にもとづき負う他の義務に抵触してはならず、また、人種、皮膚の色、性、言語、宗教または社会的出身のみを理由とする差別を含んではならない。

国際条約においても、国民の生存を脅かすような緊急事態が発生した場合にあっては、それぞれの国が一定の人権を制限して、事態の対処に必要な措置を講ずることが認められている（1966年の国際人権規約B規約、1950年の欧州人権条約など）。

わが国同様、第二次大戦の敗戦国たるドイツでも、68年にキリスト教民主同盟（CDU）と社会民主党（SPD）との大連立政権下で、外国からの武力攻撃に備える「防衛事態」条項の新設など大々的な憲法改正がおこなわれた。このときの一連の改正・補充は「非常事態憲法」の制定と称されている。

永世中立国として知られるスイスでは2000年1月1日から、新憲法が施行された。新憲法は、政府に対して「大災害および緊急事態における民間防衛の出動のための法令作成」を、また男子に対しては軍あるいは民間防衛の役務につくよう義務づけている。

同国政府が全家庭に配布している『民間防衛』という冊子には「われわれは、あらゆる事態の発生に対して準備せざるをえないというのが、もっとも単純な現実なのである。わが国の安全保障はわが国の軍民の国防努力いかんによって左右される」との一節がある。

## 非常時に真価発揮する憲法を

お隣の韓国憲法（1987年）は、「内憂、外患、天災、地変または重大な財政上および経済上の危機に際し、国家の安全保障または公共の安寧秩序を維持するために緊急の措置」をとる権限を大統領に与えている。そして、北朝鮮による2010年11月の韓国・延《ヨン》坪《ピョン》島への砲撃で、韓国軍は直ちに、対抗射撃をおこなうと同時に、李明博大統領は全軍に臨戦態勢に入るよう命じた。島民らの被害が最小に抑えられたのは、日ごろからの避難訓練の実施と危機意識の高さによるものだったと伝えられている。

憲法上、もっとも大切な点は、憲法が定めている諸制度や公的機関の正常な機能を維持させることである。憲法秩序が破壊されてしまったような緊急事態の下で、一時的に権力を執行府に集中させ、人権を必要最小限に制約して、憲法秩序の維持を優先させることは、立憲主義の原則と何ら矛盾しない。むしろ、「憲法の保障」という観点から、積極的に是認されるものだ。憲法は平常時にあってのみならず、非常時にあっても、いや非常時においてこそ、その「真価」が発揮されるべきなのである。
２０１１年の大震災は、憲法を基軸とした国家の緊急事態法制について再点検する必要性を強く認識させたといえる。緊急事態条項の憲法への導入、外部からの武力攻撃だけでなく、大規模な自然災害にいたるまで、それらの対処を包括する緊急事態基本法の制定、そして、個別法（武力事態対処法、災害対策基本法など）を遺漏なく再整備するなど、重層的な検討が早急に加えられなければならない。

（２０１２年３月６日）

# 第4章

# 憲法改正を阻むもの

## 憲法改正原案を急ぎ、審査会に

日本国憲法の改正原案などを審査・発議する機関として、憲法審査会を両院に設置することが決まったのは、2007（平成19）年8月のことである。その後、民主党の消極姿勢により憲法審査会規程の作成や委員の選任が大幅に遅れていたが、設置から4年3か月をへた11年11月に、ようやく両院で第1回憲法審査会が開かれた。これまで、何度か会合がもたれてはいるが、実質審議にはほど遠いといえる。

### 「三つの宿題」優先せずとも

民主党が「三つの宿題」の解決を優先しなければならないとの態度をとりはじめたからである。

「三つの宿題」とは、憲法改正国民投票法が制定されたときに、「附則」に追加されたもので、①投票年齢を18歳にすることにともない、公職選挙法などを従来の20歳から18歳に引き下げるために必要な法制上の措置を講ずる、②公務員が憲法改正に関する賛否の勧誘や他の意見表明を制限されることにならないよう、その政治的行為の制限を定めている国家公務員法、地方公務員法などについて必要な法的措置を講ずる、③国民投票の対象を憲法改正以外にも拡大できるかどうかの是非について、必要な措置を講ずる――というものである。

①と②には「この法律が施行されるまでの間に」という期限が付されている。にもかかわらず、憲法改正国民投票法が施行された2010年5月18日までの間、何ら必要な法的措置が講ぜられなかった。③は「この法律が施行された後速やかに」措置を講ずるものとされており、期間が限定されていない。この事案が処理されなければ、審査に入れないという性格のものではない。「三つの宿題」の未処理はこれまで放置してきた怠慢の結果であり、それを理由にさらなるサボタージュは許されない。

## 調査会の報告書基に審議を

憲法審査会はいうまでもなく、2000年1月に発足した憲法調査会の議論をふまえて設置された。両院に設けられた憲法調査会は、それぞれ5年の歳月を費やし、05年4月に膨大な報告書を提出した。報告書には、国会議員の意見表明、中央、地方の公聴会での一般参加者からの意見聴取、何度にも及ぶ海外での詳細な調査など、国会の総力をあげた「広範かつ総合的な調査」の成果が結実している。

その結果、いくつもの改正点が指摘された。たとえば、衆議院の報告書では、調査会で示された「多くの意見」として、前文にわが国固有の歴史・伝統・文化などを明記すべきこと、▽自衛権の行使として必要最小限の武力行使を認め、なんらかの憲法上の措置を講ずること、▽非常事態に関する事項を憲法に規定すべきこと——などがあげられる。

いずれも改正の対象とすべき内容である。憲法審査会は、これらの意見を精査し、憲法改正の原案に煮詰めていく必要がある。審査会での議決は出席委員の過半数でよい。ハードルは高くない。早急に実質審議に入るべきだ。

憲法改正の原案は憲法審査会以外にも、衆議院で101人の衆議院議員によって、参議院では51人の参議院議員によって、提出できる。現在、憲法の改正手続きをもっと緩和して、各議院における総議員の3分の2以上の発案要件を過半数に改めるべきだとする改正原案と、二院制を一院制に改めるための改正原案が国会議員によって起草されている。すでに前者については約250人の、また後者については120人を超える国会議員の賛同を得ているという。

これら両案に関しては、もちろん、賛否両論があるだろう。大切なことは、まず国会の場で具体的な憲法改正原案について、侃々諤々《かんかんがくがく》の議論を展開することである。原案起草者には、衆参両院で所定の議員数を確保して、憲法審査会に提出することを期待したい。

## 国民の意思表示は主権の行使

憲法改正の是非を最終的に判断するのが、ほかならぬ主権を有する国民であることは、言をまたない。国民が憲法改正論議に参加して、みずからの意思を表示することは国民主権の原理を直接的に行使する最大の機会だといっていい。

しかしながら、日本国憲法が施行されてから70年をへるというのに、その間、憲法に関する国民の意思は一度も問われることがなかった。国会で審議されたことさえない。まさに「不磨の大典」と化している日本のありさまは、各国の状況に照らせば、いっそう、異様である。各国憲法をみるに、60年以上にわたって無改正という憲法は、ほぼ皆無である。

連合国総司令部（GHQ）の原案をもとにして作成されたという日本国憲法のいびつな成立事情、憲法が施行されてからこんにちにいたるまでに生じてきた憲法規定と現実との間の乖離《かいり》がはなはだしくなっている現状、「国のかたち」としての憲法像の再構築など、憲法をめぐって論じられるべき課題は、山積している。

これらの諸課題を整理して、具体的な形で憲法改正の判断の機会を国民に提供できるのは、国会だけであり、このことは、国民の負託に応えなければならない国会議員の責務というべきであろう。一刻も早く、憲法改正原案が憲法審査会に提起されることを望む。

（2012年2月14日）

## 憲法改正へ「世界一の難関」崩せ

憲法96条を改正しようという動きが、何度か浮上している。衆参各議院で総議員の3分の2以上の発議によらなければ、憲法改正案を国民に提案できないとする、高い要件を緩和して、各議院で総議員の過半数の議決によって、国民に提案できるように改めようというのが、改正派の主張である。

### 先進国でもっとも厳しい発議要件

2013（平成25）年3月に自民党を含む超党派議連の「憲法九十六条改正を目指す会」が再始動し、民主党、日本維新の会、みんなの党の3党による有志議員が「憲法九十六条研究会」を発足させ、第1回勉強会を開いた。勉強会で呼びかけ人の一人、日本維新の会・松野頼久議員が「この3党で憲法改正の発議をするように活動していきたい」とあいさつしたのは印象的だった。日本維新の会とみんなの党は今国会中に改正原案を取りまとめる予定だという。

先進国から成る経済協力開発機構（ＯＥＣＤ）加盟34か国の憲法改正条項を調べてみると、日本国憲法のように憲法改正を必ず国民投票に付さなければならないという規定をもつ国は、日本以外にわずか5か国しかない。

しかも、このうち４か国の議会の国民への発議要件は、過半数（デンマーク、アイルランド、オーストラリア）あるいは在籍議員の３分の２以上（韓国）であり、総議員の３分の２以上としている国は皆無である。日本国憲法の発議要件のハードルがいかに高いか容易に理解できよう。

残るスイスは、全部改正と一部改正とで手続きを異にし、国民発案も採用していて複雑であるが、いずれの場合も国民投票にかけられる。前憲法（１８７４年採択）は１９９９年までに約１４０回も改正され、同年４月の国民投票で制定された新憲法が２０００年１月１日から施行されている。その新憲法も12年3月までに25回の改正が重ねられている。

改正回数といえば、ノルウェー憲法（１８１４年採択）はすでに２００回以上（４００回以上とも）を数える。同国政府広報部に改正一覧を照会したところ、自分たちも把握していないとの返信が来て驚いたことがある。一か条でもいじろうものなら天地がひっくり返る大騒ぎになるわが国とは大違いである。

## GHQの日本人不信の所産

96条はなぜ、こうした高い要件を課されるようになったのか。

一言でいえば、日本国民に対する不信からである。連合国総司令部（GHQ）で、その原案を作成したリチャード・プール氏は1984年7月、私のインタビューにつぎのように答えた。「私が読んだ報告書には、『日本はまだ完全な民主主義の運用に慣れる用意がなく、憲法の自由で民主的な規定を逆行させることから守らなければならない』と書かれていました。私はこの報告書を興味深く読み、厳しい制約を課すことが必要だと思ったのです」

その結果、同氏らは、①憲法が施行されて10年間は改正を禁じる、②その後、10年ごとに憲法改正のための特別の国会を召集する、③改正案は国会議員の3分の2以上の多数により発議され、国会で4分の3以上の賛成があれば成立する――との案を作成した。

この案は部内で討議され、憲法改正は国会の総議員の4分の3以上の同意により成立するものの、基本的人権の章を改正する場合はさらに選挙民による承認を求め、投票した国民の3分の2以上の賛成を必要とする、という第2次案をへて、1946年2月13日に、日本政府に提示されたGHQ案は、国会で総議員の3分の2以上の発議と国民の過半数の承認を要するという規定に落ち着いた。

## OECD(経済協力開発機構)加盟34か国の憲法改正規定

**憲法典がない国々**(3か国)

過半数で承認　イギリス、ニュージーランド、イスラエル

**国会のみで憲法改正が実行できる国々**(20か国)

**一院制の国**

過半数で承認　スウェーデン
5分3以上で承認　ギリシャ、スロバキア、エストニア
3分2以上で承認　ノルウェー、ポルトガル、フィンランド、ハンガリー、アイスランド

**二院制の国**

5分3以上で承認　フランス、スペイン、チェコ、チリ
3分2以上で承認　イタリア、ドイツ、ベルギー、オーストリア、オランダ、ポーランド、スロベニア

**国会に加えて州議会の議決が必要な国々**(3か国)

国会は過半数　カナダ(州議会は3分の2以上)
国会は3分の2以上　アメリカ(定足数〔過半数〕の3分の2以上、州議会は4分の3以上)、メキシコ(出席議員の3分の2以上、州議会は過半数)

**国民投票を必要としている国々の国会発議の条件**(8か国)

**一院制の国**

過半数で発議　デンマーク、ルクセンブルク
5分の3以上で発議　トルコ
3分の2以上で発議　韓国

**二院制の国**

過半数で発議　スイス、アイルランド、オーストラリア
総議員の3分の2以上で発議　日本

2017年10月現在(駒澤大学名誉教授 西 修作成)

## 世の現実と規定もはや合わず

このＧＨＱ案の改正手続きについては、政府においても、また帝国議会においても実質的な検討はなされていない。ＧＨＱ案をほぼ丸呑みしたといえる。

憲法改正に際して、もっとも大切な点は、主権者たる国民の意思をそれに反映させることである。国会の役割は、国民に対して憲法のどこがどう問題なのか、判断材料を提示することにある。２０１２年に実施された日本の新聞各紙の世論調査ではいずれも、憲法改正支持が不支持を20～38％上回っている。とくに産経新聞・ＦＮＮ合同調査では「憲法改正をめぐる投票に実際に投票したい」が81・5％に達している（12年5月1日付産経新聞）。

安倍晋三首相が言う通り、いずれかの院で3分の1をちょっとでも超える議員が反対すれば、国民に憲法改正の意思を表明する機会が与えられないという現在の仕組みは、不合理である。

世論調査結果に関するかぎり、社会の実際と憲法規定と合わない部分を改正したいという現実的な理由をあげる者が多くなってきており、イデオロギーの対立をもとに、護憲か改憲かという古くさい議論を展開している国会とは大きな隔たりがみてとれる。国会が国民主権の障害物になっているようにさえ感じられ、早急に、憲法改正要件を緩和すべき第一歩が踏み出されなければならない。

（２０１３年4月1日）

# 改憲の動きを平成の証しとせよ

## 「政争の具」と化した審査会

いったい、この沈滞は何なのか。２０１８（平成30）年６月27日、自民党、公明党、日本維新の会および希望の党４党が共同で提出した憲法改正国民投票法（以下、国民投票法）改正案は、まったく審議されることなく、国会が閉会した。

同改正案は、①商業施設における共通投票所の設置、②期日前投票事由に天災や悪天候を追加し、開始・終了時刻の繰り上げ、繰り下げの拡張、③洋上投票者の水産高校実習生らへの拡大——など、２０１６年に、投票者の便宜をはかるためになされた公職選挙法の改正事項を、国民投票へ反映させようというものである。

なんら反対する理由はないはずだ。それゆえ、もともと国民投票法に反対する共産党、社民党を除き、立憲民主党も国民民主党も、５月の段階では、大筋で了承する方向にあった。

けれども、６月に入り、両党は、森友学園や加計学園に対する政府の処理をめぐり、慎重姿勢から明確な反対へと転換し、結局、両院の憲法審査会で実質審議はおこなわれなかった。憲法審査会の運用は、国会での与野党の対立とは距離をおくのが伝統ではなかったのか。いまや「政争の具」と化してしまっている。

前国会での衆参憲法審査会の会議状況をみると、衆議院憲法審査会では、第1回（5月17日）は幹事の補欠選任のみで1分間、第2回（7月5日）が自民党からの国民投票法改正案に関する提案とその趣旨説明のみで4分間、第3回（7月20日）で閉会中審査に関する件2分間、これがすべてである。

参議院憲法審査会にあっては、第1回（2月21日）……憲法改正に関する考え方の意見交換（2時間7分）。第2回（5月23日）……幹事の補欠選任（1分間）、第3回予定（6月20日）……都合によりとりやめ。第3回（7月20日）……請願の審査（1分間）。以上のうち、第1回の意見交換は、それぞれの委員が自説を述べただけで、議論の深まりはみられない。

## 国民にわかりやすい案文提出を

こうしてみると、憲法審査会はまったく機能していない。両院に憲法審査会が設けられてからすでに11年が経過している。まさに「眠れる」審査会である。信じられない怠慢ぶりだ。

とくに立憲民主党の非協力的な姿勢が目立つ。「立憲主義を理解していない安倍晋三首相の下では協力できない」が枝野幸男代表の基本的立場であるが、筋違いである。内閣は、国民投票法上、憲法改正の発案権もなければ審査に加わることもない。国会議員のみがおこなう。

国民主権行使の場として、国民が投票しやすい環境をつくることが、国民から負託を受けた国会議員のとるべき態度であろう。「立憲」の名の下に、「非立憲」的態度がとられているように思えてならない。

このような憲法審査会の沈滞には、自民党にも責任の一端がある。同党は2018年3月24日、憲法改正に関し、優先的に取り扱うべき4項目を決定し、条文イメージ（たたき台素案）を発表した。

たたき台素案というごとく、生煮え感は否めない。ことに自衛隊明記の素案は粗雑である（本書93頁「憲法改正素案に対する私の提案」参照）。安倍首相（自民党総裁）は8月12日、長州「正論」懇話会で、秋に予定されている臨時国会へ自民党案の提出をめざす意向を表明した。改正に前向きな他党の意見も取り込み、国民にわかりやすい、精選された案文を提出すべきである。

## タブーのない論議が不可欠だ

「平成」はあと残りわずかである。平成における憲法論議で特筆されるのは、２００７（平成19）年5月に国民投票法を制定したことである。秋の臨時国会では、平成のなした証しとして、改正案を成立させ、国民投票に向けた確かな一歩を刻まなければならない。

戦後73年、日本国民は多くのことを学んできた。また多くのものを改革してきた。日本国憲法は、その「押しつけ性」を否定できない。戦後最大の課題は、日本国民自身の手で、日本国憲法を国情に適した形で改善する点にあることは論をまたない。

枝野代表は、『文藝春秋』（２０１３年10月号）に改憲私案を発表し、集団的自衛権の行使を認める憲法９条の改正案を提示しているではないか。共産党は、憲法改正についての最終表明として、１９４６（昭和21）年８月24日、「憲法９条は、民族独立のため、反対しなければならない」と公言したではないか（本書79頁囲み参照）。

われわれは、これらの見解を包括し、タブーのない憲法論議を展開していくことが求められている。それが成熟した民主主義国家の憲法論議のありようである。戦後、70年以上をへて、われわれは成熟した国民に成長していることに胸を張ってよい。無意味なレッテル貼りをやめ、真に日本国民のための憲法を模索していこうではないか。

（２０１８年８月15日）

## 枝野幸男氏の改憲私案

（「憲法九条　私ならこう変える」『文藝春秋』2013 年 10 月号より）

追加する条項

９条の２

１項　我が国に対して急迫不正の武力攻撃がなされ、これを排除するために他に適当な手段がない場合においては、必要最小限の範囲において、我が国単独で、あるいは国際法規に基づき我が国の平和と独立並びに国及び国民の安全を守るために行動する他国と共同して、自衛権を行使することができる。

２項　国際法規に基づき我が国の安全を守るために行動している他国の部隊に対して、急迫不正の武力攻撃がなされ、これを排除するために他に適当な手段がなく、かつ、我が国の平和と独立並びに国及び国民の安全に影響を及ぼすおそれがある場合においては、必要最小限の範囲で、当該他国と共同して、自衛権を行使することができる。

３項　内閣総理大臣は、前二項の自衛権に基づく実力行使のための組織の最高指揮官として、これを統括する。

４項　前項の組織の活動については、事前に、又は特に緊急を要する場合には事後直ちに、国会の承認を得なければならない。

## 2段階の国民投票で9条を問え

### 再認識した平和安全法制の意義

北朝鮮をめぐる緊迫はいつまで続くのだろうか。北朝鮮からわが国に向けて弾道ミサイルが発射された場合、迎撃が可能なのか、もし撃ち落としもれがあったときにはどのように対応すればよいのか、多くの国民がひとしくいだく不安であろう。

内閣官房が「国民保護ポータルサイト」で、「弾道ミサイル落下時の行動について」を開設したところ、アクセス数が急増したという。国民の安全保障に対する危機意識がようやく高まってきたということだろうか。政府は、核兵器に備えるシェルターの建設、整備などにも力を入れていかなければならない。

北朝鮮有事へ対処するため、先般来、海上自衛隊の護衛艦と航空自衛隊の戦闘機が、米国の原子力空母、カール・ビンソンを主力とする打撃群と緊密な共同訓練を実施した。また、海上自衛隊の護衛艦「いずも」に対して、米海軍補給艦への「武器等防護」任務が初めて与えられた。

これらの行動をみるに、わが国の防衛のためにともに活動している国が武力攻撃を受けた場合、限定的な集団的自衛権の行使を可能にした平和安全法制が、2016年3月から施行されていることの意義が再確認される。政府には、共同訓練などを通じ、同法制で認められた諸活動の運用にいかなる問題点があるのか、十分な点検をし、国民の生命と安全を保持するために、遺漏なき方策を講じていくことが求められる。

## 本質の議論を避ける憲法審査会

それにしても、日本国憲法が施行されてから70年を経過し、また自衛隊の発足から約65年をへるというのに、いまだ自衛力（自衛隊）の保持の合・違憲性が未決着なのは異常だ。

自衛隊違憲説が憲法学界の多数説とされ、共産党をはじめとする一部の政党や、有識者、メディアのなかにも根強い違憲論がある一方で、世論の圧倒的多数が自衛隊の存在を支持している。内閣府が2015（平成27）年1月に実施した世論調査では、自衛隊の防衛力を、「今の程度でよい、増強した方がよい」の合計が89％、「日米安保条約が日本の防衛に役立っている」が83％、そして「自衛隊に対する好印象」が92％に及んでいる。

いったいこの矛盾をいかにして解消すべきか。憲法できちっと解決しなければならないと考えるのが通常であろう。

本来、この問題は両院に設置されている憲法審査会で積極的に議論されるべきである。にもかかわらず、設置されてからすでに約10年をへているのに、いっこうにおこなわれる気配がない。自民党が憲法改正項目の絞り込みに向けて、民進党などへ提起しているのは、参政権の保障（一票の格差是正等）、緊急事態（議員の任期延長等）、基本的人権（環境権、教育無償化等）などであり、平和主義については、国際平和協力関係のあり方を検討課題としている。本質が違うのではないか。9条そのものが問われるべきである。

## 自衛力の合法性を確立せよ

私は、9条に関し、2段階で国民投票にかけるのがよいのではないかと考える。

第1段階は、自衛力の保持の必要性を問うことである。自衛力の保持すら憲法違反であるとの解釈が多く存在するかぎり、議論が前に進まない。まずそのネックを取り除くことから始めなければならない。そのためには、憲法改正国民投票法附則12条にある予備的国民投票制を整備、活用することを提案したい。

同条は「国は、（中略）憲法改正を要する問題及び憲法改正の対象となり得る問題について、（中略）必要な措置を講ずるものとする」と定めている。この予備的国民投票は、国会が憲法改正を発議するにあたり、世論の意思を把握するための諮問的な国民投票である とされる。自衛隊違憲論を解消し、自衛力の存在の合法性を国民の意思として確立することが何よりも肝心である。もっとも、この投票で自衛力の存在が否定されることになるかもしれない。そのときは日本国の消滅に値し、日本国民の覚悟が試される。

予備的国民投票で、自衛力の存在の必要性が認められることになれば（私はそうなると確信するが）、第2段階として、いかなる自衛力を保持することが適切か、各党が広く国民各層の意見を聴取し、国会で現実的な改正案を作成すべく力を結集し、国民に提起する——こういう手続きを踏むことが、9条改正にとって最善なのではないかと考える次第である。

このような2度にわたる国民投票は手間がかかるとの指摘も予想される。けれども、9条の改正という、戦後を画してきた、またわが国の安全にとってもっとも重大な条項の改正であることにかんがみれば、慎重な手続きをとることこそ意義があると思われるが、いかがだろうか。

ともあれ、現今の国際情勢は、9条を放置したままにしておくことが許されないという認識を、国民全体で共有することが最重要である。

（2017年5月3日）

## 9条改正の議論阻むのは誰か

2019（令和元）年5月11日付の産経新聞『産経抄』に、9日におこなわれた正論大賞受賞記念東京講演で、百地章・国士舘大学特任教授と私が9条改正の必要性を強調したことについて、つぎの一文があった。

「憲法9条改正を正面から訴えるお二人に、心からの敬意と謝意を表した上であえて言いたい。憲法学者に条文の解釈・解説を請わなくても、誰でも理解できる平易で美しい日本語の憲法に、いつか改正したいものである」

### 「産経抄」からの謝意に思う

私が〝意外〟と感じたのは、9条改正を唱えることが、「心からの敬意と謝意」の対象になることとである。わが国の平和を維持するために、曖昧模糊《あいまいもこ》とした百家争鳴の根因となっている9条論議に終止符を打つべく、誰もが理解できる平易で美しい日本語に書き改めることは、当然に施されるべき処方であろう。

私は、同条の成立経緯、なかんずく文民条項の導入経緯にかんがみ、自衛隊を合憲と考えるが、政府は「戦力」を「必要最小限度を超えるもの」と定義づけ、自衛隊は憲法で禁止する「戦力」にあたらないとの解釈を示している。他方で、9条を絶対平和条項と捉え、自衛隊は憲法違反であると説く多くの学説が存在する。このような状態が放置されていいはずはないではないか。

9条をどうするかに関し、大きく3分される。①同条2項を改め、軍隊を設置する、②9条全体をそのままにし、新たに9条の2を加え、自衛隊を明記する、③同条にまったく手を加えない。

このうち、①はいまだに「軍隊」の用語に拒絶反応が強く、国民の多くの同意を得られまい。③は解釈の神学論争を継続させるだけで、なんら解決策にならない。この主唱者は、自衛隊の存在そのものにも否定的である。とすれば、誰が読んでも非武装としか読めない案文を提起するのが、筋というものである。

それゆえ、②が現実的な方策となるが、自民党の「改正案（たたき台素案）」は、かなり粗雑であることは否めない（本書93頁「憲法改正素案に対する私の提案」参照）。洗練された平易な条文に整えることが求められる。

## 憲法審に「政局」持ち込むな

衆議院憲法審査会では、国民投票法の改正について、与党側は2018年の通常国会から継続審議になっている駅前での共通投票所の設置、洋上投票の容認など有権者の利便性をはかる改正案の審議と採決を求めている。

これに対して野党側は、CM規制の導入を要求し、審議の引き延ばしをはかっている。憲法審査会の本来任務たる憲法改正案の発議に関する審査からほど遠い状況だ。

憲法改正論議が進捗《しんちょく》しない大きな要因は立憲民主党の非立憲的態度にある。枝野幸男代表は、独自の立憲主義観をもとに「安倍総理の下での憲法改正は絶対に進めない」と公言している。かつてみずから集団的自衛権を容認する9条改正私案を雑誌に提起したのを忘れたかのように、ブレーキをかけ続けている。「憲法審査会には政局を持ち込まない」という与野党の基本合意を無視していることが最大の問題点だ。

共産党も、「憲法審査会を動かさない」と明言している。志位和夫委員長は、自衛隊の解消、象徴天皇の存廃などに関し、党規約との違いを意識して、国民意思の重要性を指摘している。そうであるならば、憲法96条に定める改正手続きにもとづき、国民の判断を仰ぐことに前向きにならなければならないはずだ。

## 国民は活発な国会審議望む

いうまでもなく、憲法改正は、主権を有する国民がその意思を表現できる唯一、かつ最大の機会である。最近の世論調査を見ると、2019年5月14日朝刊で報じられた産経・FNNの合同調査によれば、「国会や各政党は改憲に向けた議論を行うべきだと思うか」との設問に対して、「思う」が76・5%で、「思わない」の16・0%を圧倒的に凌駕している。

憲法改正については「賛成」53・4%、「反対」34・6%。自衛隊明記に関し「賛成」48・4%、「反対」35・7%の数値が示されている。また4月10日発表の共同通信のデータによれば、憲法改正の「必要」が63%で、「不必要」の36%を大きく引き離している。「必要」の中身として「憲法9条と自衛隊の在り方」が断トツの52%で、つぎの「大災害時などの緊急事態条項の新設」31%と続いている。そして自衛隊の明記については、69%が「支持」し、「不支持」27%の2倍以上に及んでいる。

このように、多数の国民は国会での活発な審議と憲法改正案の提起を望んでいる。

この声に背を向ける政党・政治団体に対しては「非立憲的、反国民主権、反民主主義」との烙印《らくいん》を押さざるをえない。

ともあれ、9条改正の必要性を訴えることが、特筆されることのないような、健全で成熟した憲法改正論議を望みたい。

（2019年5月22日）

## 財政規律条項がなければ……

### 尋常ならざる借金漬け

2017（平成29）年度の一般会計の予算総額は、過去最高の97兆4547億円にのぼる。そのうち新たな借金となる新規国債の発行額は、約34兆4千億円に達する。国債依存率は、いぜんとして3分の1以上の35・3％（前年度は35・6％）に相当する。

財務省は、17年度末の国と地方を合わせた長期債務（借金）が、1094兆円になるとの見通しを発表した。家計費の3分の1超を借金で賄《まかな》い、一人あたりの借金は約861万円、平均的な一世帯で約2144万円の借金を背負うことになる。数字を見るかぎり、尋常な財政状況とはとうてい言えない。

債務残高の対GDP（国内総生産）比の国際比較をみると、90年代後半に財政の健全化を進めた先進国と比較して最悪の数値を示している。

財務省の2016年度を基準とした統計によれば、日本は232・4％で、米国111・4％、英国115・5％、仏国121・9％、ドイツ75・0％などと比べ突出して高い。財政危機を経験したイタリア159・8%、ギリシャ200・0%をも超えている。

国債に関しては日本の場合、おもに国内の銀行や生命保険会社が預金者の金で購入しており、海外投資家頼みだったギリシャと違うとはいえ、将来の世代に莫大な負担を課すことには変わりない。政府は、2020年度に国と地方の基礎的収支（プライマリー・バランス）を黒字化することを目標に掲げているが、その道のりは厳しい。

歳出は、歳入の範囲内でおこない、借金を歳入に組み入れない――これが財政の健全なあり方だ。財政法4条は、つぎのように定める。

「①国の歳出は、公債又は借入金以外の歳入を以て、その財源としなければならない。但し、公共事業費、出資金及び貸付金の財源については、国会の議決を経た金額の範囲内で、公債を発行し又は借入金をなすことができる。②前項但書の規定により公債を発行し又は借入金をなす場合においては、その償還の計画を国会に提出しなければならない。③第1項に規定する公共事業費の範囲については、毎会計年度、国会の議決を経なければならない」

こうして、原則的には、国の歳出には、公債または借入金があてられないことになっているが、ただし書きにおいて、国会の議決により、公債の発行が認められており、こんにちでは「特例公債」という赤字国債の発行が常態化している。

いうまでもなく、国家財政の悪化は、国民生活を不安にする。急速に進んでいく人口減、少子高齢化という現実に直面して、国の基本法たる憲法は、なんらかの規定を設けなくてもよいのだろうか。

産経新聞社『「国民の憲法」要綱』（２０１３年4月26日発表）は、98条2項で「国および地方自治体は、将来の世代のために、財政の健全な維持および運営に努めるものとする」との規定をおいている。

自由民主党『日本国憲法改正草案』（12年4月27日決定）には「財政の健全性は、法律の定めるところにより、確保されなければならない」との規定がある。

## 財政条項導入は世界の流れ

諸外国の憲法は、どうであろうか。１９９７年のポーランド憲法は、公債の限度額を規定した。いわく「国家の公的債務が年間の国内総生産額の５分の３を超えるような借入、担保および金融的保証の供与は許されない」。

スイスでは、２００１年12月の国民投票で、以下のような条項が採択された。「①連邦は、その歳入と歳出につき長期にわたり均衡を保つものとする。②予算で承認されるべき歳出総額の上限は、経済状況を考慮して、見積もられた歳入を基礎とする。③特別の財政

『「国民の憲法」要綱』

第8章　財政

98条（財政運営の基本原則）　国の財政は、国会の議決に基づいて、これを運営しなければならない。

2　国および地方自治体は、将来の世代のために、財政の健全な維持および運営に努めるものとする。

需要に際しては、歳出総額の上限は、連邦議会の各院の構成員の過半数の賛成により、適正に増額することができる。④総歳出額が2項または3項の最高額を超過したときは、翌年度以降において超過支出分を補填しなければならない」

スイスがこのような財政均衡化条項を取り入れたことによって、02年までは増加基調にあった累積債務の対GNP比は、03年度にブレーキがかかり、06年以降から削減に転じてこんにちにいたっている。

ドイツでは、2009年7月に憲法（基本法）を改正し、詳細な条項を導入した。要約すると、以下のとおり。①連邦も州も、原則として借入金からの歳入を計上することなく、収支の均衡をはからなければならない。②この目標設定は、連邦の場合、借入金による歳入が通常の国内総生産の0・35％を超過してはならず、州にあっては、借入金による歳入は認められない。③通常の状況から逸脱した景気変動が生じた場合、激甚自然災害または国の統御能力を超え、国の財政状態を著しく損なう非常な緊急事態のための例外規定をあらかじめ定めておくことができる。ただし、この非常事態における借入限度額の超過には、連邦議会で過半数の賛成が必要であり、弁済計画が添えられなければならない。そして、連邦と州の財政の監視機関として、財政安定化評議会が設置される。

ドイツにあって、この憲法改正により、2014年には、1969年以来、45年間続いていた財政赤字が黒字に転じたという。

このように憲法を改正して、財政均衡化条項を導入した国は、スペイン（11年9月）、オーストリア（11年11月）、スロバキア（11年12月）、イタリア（12年4月）、スロベニア（13年5月）などにみられ、ハンガリーは11年4月の新憲法に導入している。このうちスペインでは、下院において賛成316、反対5、上院において賛成233、反対3という圧倒的多数で可決された。同国では、両院で可決された後、15日以内にいずれかの院の議員の10分の1以上の要求があれば国民投票に付されるが、その要求はなされなかった。09年のバブル崩壊に始まる財政危機のもたらした結果である。

これらの条項に共通しているのは、財政の均衡化、健全化を明記すると同時に、深刻な不況、重大な自然災害や非常事態に際しては、国会の議決で例外措置がとられうるが、その場合でも早期に均衡の枠内におさめなければならないということである。

## あの悪夢を繰り返すなかれ

私は、財政の均衡化は憲法事項であり、上述のような内容を盛り込んだ憲法改正に踏み切るべきだと考える。否定の立場からは、憲法に規定することによって財政の硬直化を招き、インフラ整備などができなくなる恐れがあり、また財政出動が必要となるような非常時にあって、柔軟な対応が困難になるなどの理由があげられる。

しかし、ドイツやスイスの憲法規定のごとく、原則と例外事態を書き分けることによって、このような懸念を解消することができよう。むしろ法律事項では、財政法にみるように、「特別法は一般法に優越する」という原則が適用され、有名無実化される危険がある。

とかく政党は、ポピュリズムに傾き、甘い蜜を国民に提供する公約を掲げがちである。旧民主党が政権を奪取した2009（平成21）年の衆議院総選挙に際して、子ども一人あたり2万6千円を支給する「子ども手当」をマニフェストに載せたが、財源上の制約から、大幅に削減せざるをえなかった。同マニフェストで「高速道路無料化」を提示したが、しょせん夢物語にすぎなかった。もし、これらの政策が実現していたら、財政を著しく圧迫し続けていたであろう。

2017年4月1日に発表された内閣府の「社会意識に関する意識調査」によれば、「現在の日本の状況において悪い方向に向かっている分野」の第1位が「国の財政」（37・

1％）で、第2位の「地域格差」（28・5％）、第3位の「国の防衛」（28・2％）を大きく上回っている。

「国の財政」は、われわれの懐に直結する。生活の安定にも大きく影響する。均整のとれた健全な財政運営は、今を生きるわれわれだけでなく、将来の世代への責務でもある。国の破綻は、外部からの侵略のみならず、内部における財政危機の増幅によっても生じうることを自覚する必要があるのではなかろうか。

（雑誌『正論』2017年6月号）

**【追記】** 2019（平成31）年3月27日に国会で承認された同年度の一般会計予算額の総額は、101兆4564億円で、初めて100兆円の大台を突破した。そのうち新規国債発行額は、32兆6598億円（32・1％）。前年比3・1％減であるが、実態は、預金保険機構から8千億円を借り入れるなど、税収以外の「埋蔵金」をはき出して一時的にしのいだだけという（日本経済新聞2018年12月22日付）。

債務残高／GDP比は、237・5％で、主要先進諸国のなかでは最悪の水準となっている。ちなみにイタリア133・4％、米国106・7％、フランス99・2％など。

政府は、13年8月、国と地方を合わせた基礎的財政収支（プライマリー・バランス）について、2020年度までに黒字化をめざすとの目標を設定していたが、18年6月、その目標年次を2025（令和7）年までに繰り下げることを閣議決定した。財政健全化の道は容易ではないが、納税者として、国民一人一人が真剣に向き合っていかなければならない。

## 国民投票の「宿題」果たし改憲を

### 極東委が定めた〝保護観察期間〟

日本国憲法が１９４７（昭和22）年５月３日に施行されてからもなお、極東委員会（ＦＥＣ）により、２年間の〝保護観察〟下におかれていた事実は、ほとんど知られていないようだ。

ＦＥＣは１９４６年２月26日に発足し、米国、英国、仏国、ソ連、中国など11か国で構成された。同委員会は、日本の占領管理に関する最高の政策決定機関であり、その政策決定には、連合国総司令部（ＧＨＱ）最高司令官・マッカーサー元帥も従わなければならなかった。とくに明治憲法の改正については、かならず同委員会の承認を得ることが必要とされていた。

ＦＥＣは、憲法改正がＧＨＱ主導で進められていくことを快く思っていなかった。そこで、日本国憲法が公布される直前の46年10月17日、同憲法が本当に「日本国民の自由な意思」（ポツダム宣言12項）によって作成されたものであることを確認するため、日本国民に対して再検討するように求めるとともに、みずからも再審査する旨の〝政策決定〟をくだした。

以下が、その内容である。

「日本国民が、新憲法の施行後、その運用の経験に照らして、同憲法を再検討する機会をもつために、かつ極東委員会が、この憲法はポツダム宣言その他の占領管理文書の条件を充たしていることを確認するために、政策事項として、同憲法施行後1年以上2年以内に、国会によって再審査しなければならないことを決定する。極東委員会もまた、同一期間内に憲法の再審査を行う。（中略）極東委員会は、日本国憲法が日本国民の自由な意思の表現であるかどうかを決定するにあたり、国民投票または憲法に関する日本国民の意思を確認するためのその他の手続きをとることを要求することができる」

## おこなわれなかった国会の再審査

日本国憲法の作成が、GHQによって提示された『マッカーサー草案』を下敷きにして始められたことは、周知の事実である。作成の過程において、一字一句にいたるまでGHQの了解を得、またFECの定めた基本原則に従うことが必須条件とされた。作業が進行するにともない、両者の間でしばしば意見の対立が生じ、確執が広がっていった。そして最終段階で、FECの放った一矢《いっし》が2年間の〝保護観察期間〟だったのである。

こんなふうに、日本国憲法の作成は、最初から最後まで外部勢力の監視と関与のもとにあった。しかも底流には主導権争いが渦巻いていた。日本国憲法に主体者たるべき日本国民の意思がどこまで反映されたのか。帝国議会で自立的な審議がおこなわれたのか。そんな疑問を払拭することができなかった。その点で、FECが2年後の再審査を決定したことには意味があった。2年後、いかなる結末を迎えただろうか。

FECでは、1949（昭和24）年5月5日、憲法に外国人の権利保護条項を入れるなど若干の注文をつけた文書をマッカーサーに送付した。これに対して、マッカーサーは、何の行動もとらなかった。これがFECの幕引きだった。

日本国政府は、48年8月に衆参両院議長に対して、GHQからの要請であることを伝え、各院で再審査するように求めたが、政局の激変は、それを許さなかった。同年6月に生じた昭和電工疑獄事件をきっかけに、芦田内閣総辞職（10月）、衆議院解散（12月）、第3次吉田内閣成立（49年2月）、民主党の内部分裂、社会党の内部対立激化などが相次ぎ、国会で憲法を再審査することなく、2年が過ぎ去った。

## 意思を問う機会は失われていた

「日本国憲法が日本国民の自由な意思の表現であるかどうかを決定」するための国民投票

も、実施されなかった。ちなみに、ＦＥＣの前記政策決定が新聞で公表されたのは、施行を約１か月後に控えた１９４７（昭和22）年3月30日のことである。

各紙の１面は、つぎの見出しを掲げている。「日本憲法の再検討　実施後２年以内に国民投票」（産経）、「新憲法　国民投票に問う」（読売）、「新憲法を再検討　国民投票の実施も考慮」（朝日）、「新憲法の批判　実施の後に国民投票」（毎日）――。各紙は、国民投票の実施の可能性に言及していた。

それから70年余をへた。日本国民の意思を問うための機会がまったくつくられないままの70年間であった。国会も国民も「宿題」を果たしていない。

今ようやく、憲法改正の機が熟しつつある。産経新聞２０１８年１月23日付の世論調査は、国会が改憲に向けた議論を活発化させるべきだと「思う」が67・２％で、「思わない」の29・６％を凌駕している。１月15日付の読売新聞では、国会が憲法改正の具体案について結論を出すよう議論を進めるべきだと「思う」が62％で、「必要ない」の30％を大きく引き離している。

具体的な改正条項をどう絞り込むのか。国会は、日本国憲法の「自立性」の導入に向けた審議を深める責務を負っている。もはや不作為は許されない。

（２０１８年2月1日）

## 参院選で憲法改正の「職務」問え

衆参両院に設置されている憲法審査会は、一部野党の非協調的態度により、なんら具体的成果をあげることなく、２０１９（令和元）年6月26日、国会の会期を終えた。審査会が設置されてからの12年間、ただ無為に時間が経過してきたとしか思われない。

### 国民の多数が活発な議論望む

そもそも、憲法審査会の審議をテーブルにのせようとしない野党議員は、自分たちに課せられている「職務」の何たるかを理解していないのではないか。

審査会の本来的任務は、憲法改正案を発議することにある。憲法論議を大いに闘わせ、最終的判断を主権者たる国民にゆだねる、いわばお膳立てをする機関と言ってよい。

世論調査では、国民の多数が審査会での活発な議論を望み、みずから意思表示をしたいという意向をもっている。その国民の意思を実現させない「職務」は、国会議員に与えられていない。

現行憲法の最大の問題点は、国民の意思が直接に反映されていない点にある。実は、憲法制定時、この点がいくつかの方面から問題として捉えられ、方策が提起されている。ここでは、3つの史料を紹介しておきたい。

1つは、1945（昭和20）年12月26日に発表された憲法研究会の『憲法草案要綱』である。同研究会は、元東京帝国大学教授の高野岩三郎（専攻は社会統計学、以下同じ）によって設立され、その憲法草案が在野のマルクス主義憲法研究者、鈴木安蔵により取りまとめられた。

『要綱』の最初の部分に「日本国ノ統治権ハ日本国民ヨリ発ス」「天皇ハ国民ノ委任ニヨリ専《もっぱ》ラ国家的儀礼ヲ司ル」などの文言があり、また当時の連合国総司令部（GHQ）民政局法規課長が上司などに着目するよう進言したことから、護憲派は、この要綱が日本国憲法の原案たる『マッカーサー草案』の作成に影響を与えたとし、「押しつけ憲法論」を否定する重要な根拠文書にしている。

私は、民政局でマッカーサー草案を起草した8人へインタビューしたおり、研究会案を参考にしたという証言を得ておらず、要綱がマッカーサー草案に影響を与えていないと考えるが、同要綱中、非常に注目されるのはつぎの案文だ。

「此ノ憲法公布後遅クモ十年以内ニ国民授票ニヨル新憲法ノ制定ヲナスヘシ」

## 「国民投票」義務づけた

10年以内の国民投票を義務づけている。この国民投票をへて、はじめて恒久憲法ができあがる――こういう発想である。民主主義の理念からみて、まっとうな考え方ではないか。「民主的」を名乗る護憲勢力がこの項目にふれようとしないのは、実に不思議だ。

2つは、『東京帝国大学憲法研究委員会報告書』である。この研究委員会は、1946(昭和21)年2月14日、同大学総長の南原繁(政治哲学)の発案で設置。法学部教授の宮澤俊義(憲法)を委員長として、同学部の我妻栄《わがつま》(民法)、横田喜三郎(国際法)、丸山真男(政治学)らのほか、文学部から和辻哲郎(倫理学)、経済学部からは大内兵衛(財政学)、矢内原忠雄(植民政策)など学界をリードする20人が参加した。

同研究委員会第1次報告に以下の一節がある。

「惟《おも》うに民主的なる憲法とは決して単にその内容が民主的なるを以《もっ》て尽きるものではない。真に民主的なる手続、即《すなわ》ち、国民の自発的なる意向にもとづき国民の十分なる批判と討議を経てつくられた憲法にして始めて民主的なる憲法の名に値ひするのである。(中略)国民の実質的参与なしにつくられ、『与えられた』憲法は、それが他日不当な圧力による蹂躙《じゅうりん》の危機に曝《さら》された場合に於《おい》て、国民は之を擁護することに幾許《いくばく》の責任を感じ、又幾許の熱意を持つであろうか。我々は民主日本の将来の為に切にこの点を憂ふるのである」

## 「宿題」果たす政党見定めを

こうして、より現実的な方策として、つぎの総選挙後に衆議院で同院議員と学識経験者の中から指名された憲法会議によって草案を作成することを提案している。

のちに架空の「8月革命説」なるものを持ち出し、手続き論を無視した宮澤俊義を委員長とする報告書とは思えないほど、率直でかつ本質をつく忠言といえる。

そして3つは、極東委員会からの憲法施行後1年以上2年以内における国民投票の要求である。この要求を具体化すべく国会で動きがあったが、昭和電工疑獄事件を契機とする政局の激変などにより、実現しなかった（本書151頁「国民投票の『宿題』果たし改憲を」参照）。

かくして、国民投票の実施は、宿題として残されたままになっている。

その宿題を真剣に果たそうとする政党はどこなのか。7月4日、参議院選挙が公示された。「選挙公約」に改正項目を示している政党もある。今、もっとも国民の意思を問うべきは、国の安全と国家緊急事態における国民の生命・財産の保全条項であろう。

われわれ有権者は、主権者として、この点を正しく見定める必要がある。

（2019年7月5日）

## 小田原評定やめ憲法改正発議を

2019（令和元）年7月21日におこなわれた参議院選挙で、改憲勢力といわれる自民党、公明党および日本維新の会の議席数が過半数を優に超えたものの、国会による憲法改正発議要件の3分の2に4人足りないという結果になった。

### 今秋の臨時国会に向けて

このような結果について、安倍晋三首相（自民党総裁）は、「憲法審査会で改憲論議を進めよという国民の信任を得た」と述べたのに対して、立憲民主党の枝野幸男代表は、改憲勢力が3分の2の議席を獲得しなかったことにふれ、「議論を今、進める必要がない」と語った。

この枝野代表の言説を支持することができない。なぜならば、安倍総裁は街頭演説などでは、再三にわたって「この選挙は、改憲論議をおこなわないままでよいのかどうかを問うものだ」と訴えていたのに比べ、枝野代表は街頭演説などで、憲法改正問題には積極的に踏み込むことが少なく、むしろ回避することが多かったからである。同じ土俵での比較の対象になりえていない。

読売新聞が選挙直後の7月22～23日に実施した緊急世論調査によれば、「今後、国会の憲法審査会で、憲法改正に向けた議論が活発におこなわれることを、期待しますか、しませんか」との設問に、「期待する」が66％、「期待しない」が27％と、3分の2が「期待する」に賛成している（読売新聞7月24日付）。

参議院選挙の結果を反映しているといってよいだろう。

こうして、今秋に予定されている臨時国会においては、立憲民主党などが、これまでと同様、憲法審査会での審議を拒否したりすることは、国民の声に背き、許されない。

憲法審査会にあっては、まず２０１８年の通常国会から継続審議となっている、駅前などでも投票を可能にすることなどを取り入れた憲法改正国民投票法の改正を迅速に処理したうえで、本来の実質審議を一刻も早く再開することが求められる。

国民が本当に見たいのは、憲法審査会で真剣に議論が闘わされている姿である。

## 最大の論点は9条への対処

最大の論点が憲法9条に関する対処であることは、いうまでもない。わが国の安全と国民の生存を確保するための条項が憲法に存在していないのは、きわめて異常である。

このような異常事態をいつまで放置しておくのか。正常な状態にするための規定方式をどうするかは、安全保障にかかわる党派を超えた課題といえる。

自民党は、「9条の2」を設け、自衛隊の明記案を公表しているが、安倍総裁は同案に必ずしも固執しないことを明言した。たしかに同案が粗雑であることは免れず（本書93頁「憲法改正素案に対する私の提案」参照）、より精錬された条項に仕立て直す必要がある。

日本維新の会は、9条の改正には正面から向き合うと公言している。

国民民主党は、自衛権行使の限界を明確にすることを条件として、「未来志向」の憲法論議を積極的に推し進めていくことを約束している。

与党を構成する公明党は、「多くの国民は自衛隊を憲法違反の存在とは考えていない」として、慎重な姿勢を示している。けれども、憲法学者の多くが自衛隊を違憲の存在であると考えており、また中学・高校の教科書には、合憲・違憲の両論が併記されている。このような不自然性を正すべきは当然といわなければならない。公明党は、もともと自衛隊の加憲を唱えていたはずだ。

## 議員の自覚と誇りかけ動け

これら4党が衆知を集めれば、9条を残しつつ、整合性のとれた、歴史を画する新たな条項を考案することができるであろう。

そのような条項の案出と国民への提起は、国会議員にしかできない権利であり、また、国民の安全保障を担う国会議員の責務でもある。それは、特定の誰かれの功績ではない。参加した国会議員一人一人の自覚と誇りの所産だといえる。

枝野代表は、かつて『文藝春秋』（2013年10月号）に「憲法9条　私ならこう変える」という改憲私案を発表した（本書135頁囲み参照）。

そこでは限定的な集団的自衛権の行使と、国連の要請にもとづく場合の自衛隊参加を明示する条項を提示した。一つの模範答案といえるのではないか。立憲民主党にもウイングが広がれば、さらに良き案ができる可能性が高まるのだが……。

両院に憲法審査会が設置されてから、12年が経過している。その前身の憲法調査会が始動したのは、19年も前のことだ。小田原評定をいつまでも続けるのか。憲法審査会での審議そのものに反対している共産党などと折り合えるはずがない。

一定の段階で、憲法審査会において多数決による決着をはかり、国会での発議に向けて動きだすべきである。

（2019年8月2日）

特別収録

# 私の原点

# 徴兵制は苦役か　世界各国憲法にみる兵役の規定

国を愛する――国家有事の際に、世界の国ぐにと国民はどう対処するだろうか。兵役を義務ばかりか権利として堂々と憲法にうたう国もあれば、苦役として思想統一する政府もある。比較憲法からみた世界百数十か国の現状をお知らせする。

## 一　はじめに

「国家の防衛――これはこんにち、平和な都市の中で、われわれの置かれている真の状態を、雄々しく、かつ明敏に認識することから始まる」

これは永世中立国スイスで、全国民に配布されている『民間防衛』という本のなかの一節である。

同書にはまた、つぎのような記述がある。「自分の国を愛するということは、国家に奉仕するため、国家を守るため、そして、国家をよりよくするために、みずからの力を出すことである。戦争になったら国家に最高の贈り物をする覚悟をすることである。さらに、その贈り物が、国家にとって有益でなければならない」

かくしてスイスでは、後述するように、憲法で兵役の義務を定め、平時の兵力はわずか３５００人であるが、有事には48時間以内に人口の約１割にあたる62万５千人の動員可能体制がいつでもとられているのである。

いったい「国を守る」とはどういうことなのか。そしてそのために国民はなにをなすべきなのか。かかる命題は、国家とそれを構成する国民が存在するかぎり、永遠の、かつ避けて通ることのできないものといえる。古くは、たとえばアテネの市民たちはみずから重装歩兵としてペルシアの侵略を撃退したし（紀元前４９０年）、それから２５００年近くたったこんにちにおいて武装の方法や防備の態様に大きな違いがあるにしても、各国はそれぞれの方策により国防努力をしている。

本稿は、各国における国防努力を、とくに憲法と徴兵制という観点から素描し、あわせて政府の徴兵制解釈につき検討を加えようとするものである。

## 二　社会主義陣営

ここに社会主義陣営の諸国として、ソ連または中国と集団安全保障条約を締結している国ぐにをとりあげる。すなわちワルシャワ条約機構に加盟している7か国と中国のほか、ソ連および中国と友好協力・相互援助条約を結んでいる北朝鮮（朝鮮民主主義人民共和国）を含め、9か国を対象とする。ほかにアフリカでソ連の先兵として行動しているキューバや東欧圏諸国もこのなかに入れた方がよいかもしれないが、便宜上、非同盟、その他の諸国のなかで扱う。

まず「社会主義の祖国」として自他ともに許しているソ連では、「社会主義祖国の擁護は、国家のもっとも重要な機能に属し、また全人民の事業である。社会主義的獲得物、ソビエト人民の平和的労働、国家の主権と領土保全を防衛するために、ソ連邦軍が設けられ、一般的兵役義務制がしかれる。ソ連邦軍の人民に対する責務は、社会主義祖国を確実に防衛し、いかなる侵略者に対しても即時に反撃することを保障する戦闘体制を常に整えておくことである」（31条）と規定し、さらに「社会主義祖国の防衛は、ソ連邦のすべての市民の神聖な責務である」（62条）、「ソ連邦軍の部隊において軍務に服することは、ソビエト市民の名誉ある義務である」（63条）と定める。

同国の現憲法（1977年）は、1917年の10月革命以来、その翌年の18年憲法、24年憲法（レーニン憲法）および36年憲法（スターリン憲法）に次ぐ4度目のものであるが、24年憲法（同憲法には人権規定なし）を除くいずれの憲法にも、国防と兵役を「神聖」で「名誉あるもの」とみている点に大きな特色がある。

このうちとくに注目されるのは、18年憲法である。すなわち同憲法19条は、革命の成果を擁護するために、祖国防衛の義務を全国民に課したうえで、「武器を手にして革命を擁護する名誉ある権利は、勤労者のみに与えられ、非勤労分子には別の軍事上の義務が課せられる」(傍点・引用者)と規定していた。ここに武器をとって革命を守ることを「名誉ある権利」とし、また国民を、勤労者(プロレタリアート)と非勤労分子(ブルジョワジー)とに分け、ブルジョワジーには、かかる「名誉ある権利」は付与されなかったのである。

このように、武器をもってする兵役は、完全に「権利」とみなされているのであり、徴兵制を「苦役」であると解釈したわが国政府の立場と照らし合わせてみると、なにか別世界のことのように感じるのは筆者だけであろうか。

もともと「祖国防衛」の正当性は、レーニンに由来するのであって、レーニンはつぎのように述べている。「〝祖国防衛〟を否定するなど、つまり民主主義的な戦争への参加を否定するなど、とんでもない間違いであって、マルクス主義とは縁もゆかりもないことである」(『マルクス主義の戯画と「帝国主義的経済主義」について』)。

こうして現在、同国の軍人向けに発行されている『戦争と軍隊に関するマルクス・レーニン主義』という本には、「いまや社会主義祖国防衛は、帝国主義の迫害下にある人民の民族解放運動や、植民地のくびきから解放された結果生まれた民族国家に対する全面的援助と不可分に結びついている」と記されている。

なお、この「民族解放運動」との結びつきに関し、憲法は「ソ連邦の対外政策は、ソ連邦における共産主義建設にとって有利な国際的諸条件の確保、ソ連邦の国家的利益の擁護、世界社会主義の立場の強化、民族解放と社会的進歩をめざす諸人民の闘争の支持……という原則の首尾一貫した実現をめざすものである」（28条）との規定がおかれている。かくして一方でデタントを呼びかけると同時に、他方でアフリカにおける民族解放の支援は、憲法上なんら矛盾は存在しないことになるのである。またこの規定により北方領土の日本への返還は、もしそれが共産主義建設にとって有利な条件の確保、ソ連の国益に合致しないものと判断されれば、その実現は憲法違反ということになるのだろうか。

## 中国、北朝鮮ほか

つぎに中国の新憲法（1978年）は、つぎのような規定をもつ。「祖国を防衛し、侵略に抵抗することは、すべての公民の崇高な責務である。法律に従って兵役に服し、民兵組織に参加することは、公民の光栄ある義務である」（58条）。同国も、54年、75年に次いでこの憲法は3度目のものであるが、いずれの憲法にも、祖国の防衛を「崇高な責務」、兵役を「神聖な義務」としている。このような規定方式が毛沢東の思想（毛の思想の淵源をたどればマルクス、レーニンになるが）に依拠していることはいうまでもない。

毛はいっている。「われわれは、勝利したからといって、けっして帝国主義者とその手先どもの狂気じみた報復の陰謀に対して警戒をゆるめてはならない。警戒をゆるめるものは、政治的に武装を解いて自己を受け身の立場に立たせることになる」（『新政治協商会議での演説』）、「人民の獲得した権利をかるがるしく手放すことは断じてゆるさず、これは戦いによって守られなければならない」（『抗日戦争勝利後の時局とわれわれの方針』）。

こうして帝国主義者とその手先の陰謀が存在しているかぎり、祖国の防衛は絶対に必要であり、兵役も「光栄ある義務」として国民が履行しなければならないことになるが、75年憲法の解説書には、つぎのように記述されている。

「かつてわが国の広範な適齢青年は、勇躍して入隊し、多数の一家の家長たちはその子女をおくって軍隊に参加させ、人民解放軍の建設の強化、祖国の社会主義革命と建設の成功裏の遂行をまもるうえに貢献した。全国の人民はこの光栄な革命的伝統をひきつづき発揚し、新憲法が規定する光栄ある義務を履行しなければならない」（『プロレタリア階級独裁のために』）。

ところで、新憲法が審議された第5期全国人民代表大会第1回会議において、華国鋒主席は「われわれは、高度の警戒心を保ち、超大国の侵略戦争にそなえなければならない。相手が侵してこなければ、こちらも侵さない。相手が侵してくれれば、こちらも必ず侵す」と述べている。79年2月のベトナムへの懲罰行動は、ベトナムがポル・ポト軍崩壊の手助けをしたことをベトナム軍の侵略とみたためといえようか。

第3に北朝鮮（朝鮮民主主義人民共和国）憲法の規定は、以下のようである。「祖国防衛は、公民の最大の義務であり栄誉である。公民は、祖国を防衛しなければならず、法律の定めるところに従い、軍務に服さなければならない」（72条）。

この規定に関し、わが国で発行された注解書には、つぎのような説明がなされている。「朝鮮人民は自己の祖国を離れては生活できないし、ただ社会主義祖国の隆盛と繁栄を通じてのみ、自己の幸福な前途を開拓することができる。今日、朝鮮人民は、社会主義の祖国＝朝鮮民主主義人民共和国を生命よりも貴重にし、祖国の防衛を自己の最大の義務、栄誉として受けとめている。新憲法が規定している祖国防衛の義務は朝鮮人民のこのように崇高な社会主義的愛国思想を反映している」と（福島正夫『朝鮮民主主義人民共和国社会主義憲法』）。

なお同憲法には、公民の義務として、社会主義的行動準則の厳守、祖国と革命のために献身的に働く革命的気風の確立、労働規律の厳守、国家財産と共同財産の愛護、帝国主義者に対し革命的警戒心を高め、国家機密を厳守することを定め、祖国と人民に対する反逆は最大の罪悪であり、厳重に処罰されるとしているが、これらすべては「全的に金日成主席の賢明な指導と高邁な徳性、厚い配慮の結果である」と、前記福島教授は最大の賛辞を送っている。

第4に東ドイツ（ドイツ民主共和国）では「平和および社会主義祖国ならびにその諸成果の保護は、ドイツ民主共和国市民の権利であり、また名誉ある義務である。各市民は、法律に従ってドイツ民主共和国の防衛に関する任務を負い、義務を遂行しなければならない」（23条）と定める。ここで注目されるのは、祖国の防衛を単に「名誉ある義務」としているだけでなく、「権利」としていることである。このように祖国の防衛を「権利」と規定しているのは、ほかに社会主義圏では、ユーゴスラビア237条、アンゴラ19条、モザンビーク30条、ベトナム77条、非社会主義圏では、インドネシア30条、トルコ60条およびスペイン30条の合計8か国存在する。

なお東ドイツにおいては、前記の憲法規定を受け、国防法（1978年）で、市民に対し、人民軍、国境部隊への軍事役務に服することだけでなく、法律の範囲内で広く国防上の勤務につくことを要求している（同法3条）。

他のワルシャワ条約加盟国をみると、ハンガリーを除いて、すべて国防および兵役を

「神聖な」または「名誉ある」義務としている。かくてワルシャワ軍の兵力は、師団数68（NATO軍64）、戦車数2万7200両（同1万1千両）、戦術航空機数5795機（同3300機）、とNATO軍を圧倒しているのである（『防衛白書』昭和55年版）。もっともワルシャワ軍の団結心となると、かなり心もとないものがあると報道されている。

## 三　自由主義陣営

ここに自由主義陣営とは、アメリカまたはイギリスと安全保障条約を結んでいる諸国をいうものとする。すなわち北大西洋条約（NATO）、東南アジア集団防衛条約（SEATO）、全米相互援助条約（リオ条約）、米州機構憲章（OAS）加盟国（ただしニカラグアは非同盟参加国として扱う）と日米安保条約にもとづきわが国、そして79年末には相互防衛条約の終了をみたが、台湾もこのなかに入れることにする。上記のうち、リオ条約およびOAS加盟国の多くは、非同盟会議にも出席している。

さて、自由主義陣営の盟主をもって任じるアメリカでは、もともと常備軍に対して懐疑的であった。憲法制定会議に出席した多くの人たちは、軍人経験者であったにもかかわらず、常備軍に嫌悪感をいだいていた。当時、常備軍と民兵という二つのタイプの軍事力があったが、民兵こそがもっとも民主的で、防衛の担い手とすべきであるという考え方が支配的だったのである。

こうして、1787年の憲法には兵役の義務規定が入れられず、逆に1791年の改正により、「規律正しい民兵は、自由国家の安寧に必要であるから、武器を所蔵し携帯する国民の権利は、これを侵してはならない」という規定が設けられた。

この規定により、現在でもアメリカ国民には武器の携帯が憲法上の権利として認められているのであるが、このことがかえって治安の悪化を招いていることは、先ごろのレーガン大統領狙撃事件にみられた通りである。

アメリカにおける徴兵制は、南北戦争時代にも経験があるが、第一次大戦の勃発により、ウィルソン大統領がドイツに対して宣戦布告をしたのにともない、1917年5月、選抜徴兵法が施行された。この制度は兵員確保のため、軍務適格者のなかから抽せんで選抜し、必要な兵器を補充しようとするものである。

この選抜徴兵法が施行されたとき、その合憲性をめぐって裁判所で争われたが、連邦最高裁判所は、同法は合衆国憲法改正13条でいう「その意に反する苦役」(この条文がわが国憲法18条の基礎となっている) にあたらないとしたうえで、要旨、つぎのように述べている。

「徴兵制はいわゆる戦争権能であって、連邦議会の正当な権限である。もし憲法に明文がなかったとしても、〝正当な政府〟が当然もたねばならぬ権利である。正当な政府というものは、一方において市民に対して各種の義務を負うとともに、他方においては市民に向かって必要な場合には軍務につくことを要求し、またそれを強制する権利をもつのである」

その後、第一次大戦の終戦により、完全志願制に戻ったが、第二次大戦、朝鮮戦争、ベトナム戦争を通じ、選抜徴兵制が復活している。この制度に終止符が打たれたのは、ニクソン政権2期目の1973年6月末のことである。

しかし、80年1月、カーター前大統領は、イランのアメリカ大使館人質事件、ソ連によるアフガニスタン侵略という事態に直面して、兵役適齢者の登録復活を発表した。これにともない、連邦議会も7月、そのための予算を承認し、81年1月3日、18歳に達した男性の登録が各地の郵便局で開始された（1月4日付ニューヨーク・タイムズ）。登録拒否者に対しては、5年の禁固刑および（または）1万ドルの罰金刑が科せられる。

なおこのように男性のみに対し登録を義務づけたことにつき、男女平等権改正運動者から訴訟が提起され、ペンシルバニア連邦地方裁判所は、この登録が憲法で定める法の平等保護条項に違反すると判示し、新たな論争が巻き起こっている。

イギリスでは、17世紀のクロンウェル時代に徴兵制がしかれたことがあったが、国民にはすこぶる人気が悪かった。そこで平時においては志願制によることが原則とされた。けれども第一次大戦への参戦（１９１４年８月）により、兵員の不足を招いたため、16年５月に18歳から30歳までの独身男性による選抜徴兵制の実施に踏み切った（この制度がアメリカに影響を与えた）。

また第二次大戦に際しては39年に18歳から25歳の未婚男女双方に適用する徴兵制を、さらに48年から49年にかけては、それを18歳以上のすべての男子に拡大した。しかしこれらの徴兵制も60年に停止され、以後こんにちまですべて志願制によることとされている。

## 大陸、海洋国の違い

フランスは、近代的徴兵制発祥の国である。同国における徴兵制は、ルイ13世が１６８５年に各教区ごとに兵員を割りあて、抽選で徴集させたことに始源する。しかしこの制度の下で、次第に免除例が多くなり、貧民に過重な負担をかけるようになった。同国で本格的な正規軍に対する徴兵は、フランス革命後に創設された国民軍のときに始まる。すなわちこのころ「国民皆兵」の思想が現われ、この思想にもとづき、１７９２年には選抜徴兵制が、そして93年２月からは一般的な徴兵制が採用された。

なお革命に際し制定された有名な人権宣言（１７８９年）には、「人間と市民の権利は、軍隊を必要とする」(12条)、「軍隊の維持のためには、共同の租税が絶対に必要である」(13条)との規定がある。わが国には民主的と称する団体が防衛費分を差し引いて租税を納める運動を展開しているが、民主主義の原典である人権宣言の右の規定をどのように解釈しているのであろうか。また、人権宣言の2年後に出された同国ではじめての憲法には、国民が適当な徴集方法により兵籍に編入されることが定められた。

このように一般市民の徴募により構成された軍隊は、当時もっぱら傭兵《ようへい》にのみ依存していた諸国の軍隊とは明らかに違うものであった。しかしナポレオンは、この軍隊を率いて常勝を博し、他の諸国にも大きな影響を与えた。プロシアが1807年に一般徴兵制を採用したのも、ナポレオンの成功によるところ大であるといわれている。

現行憲法(1958年)は、兵役に関し、明文の規定を設けていない。けれども同国における徴兵制は、1899年以来続いており、徴兵制の廃止そのものを主張する主要な政党は長い間存在しなかった(1977年に「国民連合」は綱領に志願制の移行を掲げた)。ただ兵役期間に関し、変動があり、以前は18か月だったが、やがて16か月になり、さらに70年以降12か月となっている。このように兵役期間を短くした一つの理由は、兵役適齢者の徴集の回転を早め、徴兵の不公平をなくそうという点にある。

東海大学の藤牧新平教授によると、どこの国でもリスト・アップされている適齢者のすべてが兵役に就くわけではなく、オランダは40％、ベルギー、イタリア、ソ連は50％、西ドイツは56％であるという。フランスで16か月の兵役期間をとっていた69年時には、実際に入隊するのは5人のうち1人であったが、1977年時では約70％に及んでいる（同教授『現代軍隊論』、「核・同盟・兵役――最近のフランス国防政策の変化」新防衛論集）。

西ドイツは、敗戦後、1949年に基本法を制定した（憲法と称さなかったのは、東西に分裂された状態で制定されたから）。この基本法には、当初、国防や非常事態に関する規定はほとんど書き込まれていなかった。しかしながら東西関係の緊張激化にともない、まず1954年には若干の、そして56年には本格的な再軍備条項が憲法に挿入された。また68年にはきわめて綿密に非常事態条項が整備された。

憲法では、「男子については、満18歳から、軍隊、国境守備隊または民間防衛隊における役務に従事する義務を負わせることができる」（12a条1項）とあり、ほかに良心的兵役拒否者に対し、武器をもってしない役務を義務づけることができる（同条2項）とある。この憲法規定を受けて、兵役義務法（現行法は1972年12月8日）と兵役拒否者の民間役務に関する法律（現行法は1973年8月9日）が制定されている。これらの法律によれば、兵役の義務には、基本的兵役義務、防衛訓練および防衛（非常）事態における無期限の義務という3種類がある。

このうち基本的兵役義務は15か月であり、防衛訓練は最高3か月続けられる。また兵役拒否者の代替役務は、公共の利益に奉仕する責務でなければならない。この良心的兵役拒否者の認定は、4人から成る委員会（1人は国防大臣により任命、他の3人はその居住する州《ラント》により任命）によってなされる。その申請者数は最初の12年間は1年の平均3400人と少数であったが（そのうち70％が大学生および高校卒業生）、1968年には学生紛争の影響もあって1万2千人に、さらに72年には3万3792人にはね上がった。

このようなことを背景にして同年、防衛機構改革委員会が志願制の利点を強調する報告書を提出したが、国防省は、その提案をしりぞけ、「兵役義務は、いぜんとして志願制軍人によって支えられる兵員構成の基礎である」（『国防白書』1973—74年度版）ことを明らかにした。

また兵役期間を15か月以下にすべきだという他からの主張に対しては、つぎのように答えている。

「連邦軍は、抑止力を保持し、奇襲攻撃がおこなわれた場合には、迅速に行動できるよう、高度の戦闘即応態勢下にある部隊を必要としている。短期間の兵役義務では戦力の低下は免れない。東ドイツおよびルーマニアを除いて東側諸国は、24か月またはそれ以上の兵役期間を採用している。ワルシャワ条約軍に対抗するうえでも、短期の兵役期間では連邦軍にとって不利である」
以上、西側諸国のうち主要4か国を俎上にのせてきたが、アメリカ、イギリスでは志願制の期間が長かったのに対し、フランス、ドイツでは徴兵制の期間が圧倒的に長い。この違いは、海洋国と大陸との相違による。つまり海洋国においては、大陸国と異なり、常時隣国の脅威にさらされていることが少なく、それだけ普段からの兵員確保に省力が可能となるからである。

他の西側陣営諸国の徴兵規定をみると、NATO加盟国では半数以上がこれをとり入れ、ラテン・アメリカおよび大洋州の諸国ではコスタリカ、ウルグアイならびに英連邦参加国を除く国家で導入されている。英連邦参加国の憲法は、義務規定を設けていないのが普通である。ただし、本書197頁所収の表中、ドミニカ共和国以下パナマまでの諸国では、憲法では兵役の義務規定があるにもかかわらず、実際には志願制の軍人のみでまかなわれている。このうちメキシコでは、1942年の国民兵役法により18歳に達すれば、1年間服役しなければならないが、実際には日曜日の朝、公園や大通りで青年将校の指揮のもと、武器も制服もなしで行進や教連がおこなわれているだけだという。

## 四　非同盟会議参加諸国

ここに非同盟会議参加諸国としては、1981年2月9日から13日にかけてニューデリーで開催された非同盟外相会議に出席した94か国のうち、既述したラテン・アメリカの諸国およびまだ国家として認められていないもの（PLOなど）を除く83か国をとりあげる。

ひと言で非同盟諸国といっても、79年9月にキューバのハバナで開かれた第6回首脳会議において主催国キューバの強引な議事運営によって表面化したように、社会主義国との提携を強めようとする急進派と、いずれのブロックにも属さず、文字通り中道性を重視する穏健派とでは、理念にかなりの差がある。したがってこれらの諸国を一つのカテゴリーに入れて論ずるのは、いささか問題があるが、その問題を留保して各国の憲法をみていくこととしたい。

まず急進派のチャンピオンとして、アンゴラ内戦やエチオピア・ソマリア紛争などに、積極的に武力介入しているキューバの憲法（1976年）規定をあげれば、つぎのようである。

「社会主義祖国の防衛は、すべてのキューバ市民の最大の名誉であり、かつ最高の義務である。法律は、キューバ人が果たさなければならない兵役を定める」（64条）。また憲法12

条には、「キューバ共和国は、プロレタリア国際主義と諸国民の戦闘的連帯性の原理を支持する」との基本理念のもとに、「帝国主義を侵略と戦争の主要な勢力であり、かつ人民の最悪の敵として非難する」、「民族解放戦争ならびに侵略と征服に対する武装抵抗の合法性を承認する」、「革命的暴力をもって帝国主義および反動的暴力を撃退する」とし、さらに「ソ連邦および他の社会主義諸国との関係を、社会主義的国際主義および新社会の建設、兄弟的友情、協力ならびに相互援助の共同の目的の上に、樹立する」、「外国の支配と国内的抑圧から解放されたラテン・アメリカおよびカリブ海の他の諸国と相携えて、……植民地主義、新植民地主義ならびに帝国主義に対する共同の闘争によって結合した諸国家の一大共同体を樹立する」ことを高らかにうたっている。

かくして『ミリタリー・バランス』(1980〜81年)によれば、アンゴラに1万9千人、エチオピアに1万6500人の兵を派遣し、また現在伝えられるところによると、ニカラグアを通じ、エルサルバドルにも熱い支援を送っているのである。

いま一つソ連寄りのベトナムでは、1980年12月に新憲法が公布されたばかりである。同憲法はまず、「ベトナム社会主義共和国はプロレタリア独裁国家である」(2条)、「ベトナム社会主義共和国はマルクス・レーニン主義とプロレタリア国際主義を基礎として、すべての分野でソ連、ラオス、カンボジアその他の社会主義諸国との兄弟的友好関係、戦闘的連帯と協力の強化を継続する」(14条) ことをうたい、「国家は、人民の愛国心と革命的ヒロイズムを鼓舞し、徴兵制を実施し、防衛産業を運営し、強力な人民軍建設に必要な人的、物的資源を動員し、絶えず国家の防衛力増強をはかる。全国家機関、社会組織および公民は、法律の定めるところに従い、国家の防衛と安全保障に関するそれぞれの義務を履行しなければならない」(52条) と定めたうえで、重ねて「社会主義祖国の防衛は、市民の神聖な義務であり、かつ崇高な権利である。市民は、兵役を果たし、全人民による国防力の建設に参加する義務を負う」(77条) ことを明記している。さらに、とくに、青少年に対し「社会主義建設と国防のために衝撃力 (Shock-force)」(66条) となることを義務づけている。

なお同憲法におけるマルクス・レーニン主義と一党独裁たる共産党への忠誠の要求は徹底しており、「ベトナムにおける教育制度は、将来のために適正な資質を有する社会主義労働を訓練し、革命世代を育てるという見地に立つこと」(40条) を原理とし、「ベトナムの文学と芸術はマルクス・レーニン主義の整合性を基礎とし、文学と芸術に関するベトナム共産党の路線に沿って発展させられる」(44条) と定めている。教育とか文学・芸術とかは、なによりも個人の自発性や創造性が重んじられなければならない。それを共産党の指導する「マルクス・レーニン主義」の絶対無誤謬性という枠づけをはめるところに全体主義の危険性がある。

## ユーゴ、インドの特徴

つぎに独自の社会主義路線をとり、なおソ連とは一線を画し、完全な非同盟政策を堅持しているユーゴスラビア憲法（1974年）は、つぎのような規定をもっている。

「ユーゴスラビア社会主義連邦憲法により確立された、ユーゴスラビア社会主義連邦共和国の独立、主権、領土保全および社会体制を擁護し、防衛することは、ユーゴスラビアの民族と少数民族、勤労者と公民の、神聖で奪うことのできない権利であり、かつ義務である」（237条）、「兵役は、すべての公民の義務である」（241条）。

ユーゴの非同盟といえば、故チトー大統領を抜きにして語りえないが、同大統領のつぎのような言葉が想起される。

「われわれはユーゴをして侵略不可能な砦にしなければならない」、「わが国民は全員が一致して、武装闘争こそが侵略に対する基本的防衛手段であることを認めている」、「われわれは戦争を欲しないが、敗北主義的平和論者ではない。われわれは全人民により侵略を抑止し、戦争や武力に訴える政策に断固反対する平和主義者である」。

このような考え方のもとに制定された国防法（74年5月公布）によれば、国民に対し一般的な兵役義務に服するだけでなく、全人民防衛体制のために、満16歳から男は60歳、女は55歳になるまですべての市民に、民間防衛に奉仕する義務（同法55条）と国防についで学習し、能力をつける権利と義務（同58条）が付されている。かくして現在、有事に際し武装闘争に参加しうる国民は、全人口の約36％にあたる800万にのぼるといわれている。

なお、ユーゴの弱点は、多民族国家であり、民族間に信頼感がないことである。そこで憲法は、国防軍は統一された全体を形成すること（240条）、軍隊内において少数民族の言語と文字が保障されること（243条）を定めている。こうしてチトーなきあと、複雑な多民族国家をどう統治していくかが同国の最大の課題となっている（はたせるかな4月2日コソボ自治州で暴動の発生したことが、報じられている）。

なかに注目される規定として、「何人も、ユーゴスラビア社会主義連邦共和国またはその独立の構成部分につき、降伏文書を承認しもしくは署名し、または占領を受諾しもしくは誓約する権利を有しない。何人も、ユーゴスラビアの公民が国家を攻撃する敵に対し戦うことを妨げる権利を有しない」（238条）という規定がある。この規定により、国家の指導者がソ連軍に要請をおこなうというアフガニスタンの二の舞が演じられることを防ぐことができ、またたとえそうなってもお得意のパルチザン戦に訴え、最後の一兵になるまで闘うことが正当化されているわけである。

最後になったが、非同盟のそもそもの提唱者ネルーを生み出したインドの憲法（1949年）をみれば、「祖国を防衛し、召集されたときに兵役につくことは、すべてのインド国民の義務である」（51A条・この規定は1976年の第42次改正で挿入された）と定めている。

しかしながら、実際にはこの兵役義務規定にかかわらず、志願制がとられている。なにしろインドの軍隊の総兵力は110万と中国、ソ連、アメリカに次いで4番目に高い。そこでこれだけの兵力を志願のみによって確保できるだろうかという疑問が生じるが、1人の欠員に対し10人もの志願者があり、まったくその心配がないという。

隊員確保に躍起になっているわが国の自衛隊にとっては、垂涎《すいぜん》ものであるが、その最大の理由は、経済的な安定と高いプレステージが約束されるからである。したがって軍人たちの士気はかなり高い、と1980年夏、筆者が同国の国防大学を訪れたとき、将官たちは異口同音に語っていた。ただ軍隊の構成という点でいろいろと難しい問題があるようだ。とにかく憲法で認められている言語だけでも15（実際には800以上ある）、約7700種類あるといわれるカースト制、ヒンディとイスラムのぬきさしならぬ対立、それぞれ複雑な問題をかかえている22の州の連合体であることなどから、連隊の構成方法一つとっても、同一民族体である日本人にとって測り知れない悩みがあるようだ。

その他の非同盟諸国については、兵役の義務規定を有している国家37、同規定をもっていない国家33、実際に徴兵制をしいている国39、しいていない国20と、徴兵制をとっている国の方がかなり多いことがわかる。

## 五　中立諸国

中立国として、スイス、スウェーデンおよびオーストリアをとりあげる。

スイスは、1815年のウィーン会議と同年に締結された第二パリ条約によって永世中立国としての地位が保障されて以来、同国の中立政策は不動の原則となっている。しかしながら、「わが国の中立は守られている。にもかかわらず、それによってわれわれが盲人であってよいことにならない」、「わが国の安全保障は、われわれ軍民の国防努力によって左右される」との政府文書が示しているように、中立を維持するために、きわめて強固な国防努力が積み重ねられている（この点が非武装中立とはまったく異なる）。

憲法（1874年）はまず、スイス連邦の目的を「外国に対する本国の独立の保持、国内における安寧と秩序の維持、連邦の自由と権利との保護ならびに一般福祉の増進」（2条）におき、「独立の保持」をいの一番に掲げている。かかる目的を達成するために、すべてのスイス人に対し、兵役の義務が課せられている（18条）。

他方、憲法は、連邦が常備軍をもつこと、連邦官庁の同意なくして州が300人以上の常備軍を保持してはならないことを定めている（13条）。これは、かつて各州間の争闘の結果、連邦が創設されたといういきさつがあるためである。

新兵の徴募は、1年に1月と6月の2回、各回1万5千人ずつおこなわれる。最初は17週間の基本訓練を受け、その後も再錬成訓練として現役（20〜32歳）の12年間のうち8年間は年に3週間、33歳以降は予備役（42歳まで）になって、3年間を年に2週間、そして後備役（43〜50歳）のうち2年間は年に1週間の訓練を受ける。年間30万人の予備役が、ある時期、再錬成訓練を受けているという。こうして国民皆兵のもとに、一人ひとりの確固たる自衛意思により、独立と自由を守っていこうというのがスイスの防衛構想の基本になっている。

スウェーデンも中立構想を国是としている。そしてこの政策は各国から信頼されるところとなっており、同国は、1814年以来、170年近く平和を享受している。しかしその平和は、同国の国防政策と密接不可分に結びついている。

同国の国防政策の中心は、軍事防衛、経済防衛、民間防衛および心理防衛の4つを基本的柱石とする「全体防衛《トータル・デフェンス》」におかれていることは広く知られている。これらはおのおの重要な役割と関連性をもっており、いずれの一つも欠いてはならぬものである。また国民も当然にそれぞれの任務を分担することが要求されており、同国政府発行のパンフレットには、「全体防衛のなかで健全な身体を有するすべてのスウェーデン人は、祖国の独立、防衛のための軍事的役割をつとめることができるよう訓練されるべきである」と述べられている。

同国の新憲法（１９７４年）には、兵役に関し、直接的な規定はみられないが、同年に制定された国会法に「防衛委員会は、軍事的防衛、民間防衛、経済防衛、武器を使用しない非戦闘役務および兵役義務者の経済上の恩典に関する案件を準備するものとする」（４章４の６の７）とあり、兵役を前提としている規定がある。事実、同国では、陸軍および海軍で７・５か月―15か月の、空軍で８か月―12か月の兵役が課せられている。こうして平時の現在は、総兵力６万６１００人であるが（このうち徴集兵４万７５００人）、有事には72時間以内に約80万人（人口の約１割）の動員可能体制がとられているのである。

オーストリアは、１９５５年10月に２か条のみからなる「中立性に関する連邦憲法」を制定し、永世中立を宣言した。この宣言は翌11月に各国に通告され、個別的な承認を受けるにいたった。

同国の憲法（１９２０年）には、連邦軍の任務として、国土の防衛のほかに、憲法制度の保護、国内の秩序および安全の維持、異常な天災および事変に際しての支援が規定されている（79条）。兵役の義務そのものについての規定はないが、1971年6月の国防法では国民に6か月の兵役を課している（55年の国防法では9か月であった）。

この兵役期間終了後、12年間に60日間の予備役訓練と30日から90日間の特技者訓練が待っている。同国の総兵力は5万3000人とそれほど多くないが（有事動員可能総兵力16万人）、一年のある時期には予備役約7万人が訓練のため召集されている。

以上、その中立政策が世界から承認されている3か国をみてきたが、共通している要素は、どの国も中立を維持するため、徴兵制をしき、兵役期間が終わってもなお訓練をさせるという具合に、大変な国防努力をしているという点である。

したがって国防費の支出も高く、政府支出の費用に対する割合でスイスが18・9%、スウェーデン7・7%、オーストリア4・1%、対GNP（国民総生産）比でスイス1・9%、スウェーデン3・3%、オーストリア1・3%となっている。

また国民一人あたりの負担はスイス290ドル、スウェーデン432ドル、オーストリア122ドルとなっている。これをわが国と比較した場合、わが国ではそれぞれ4・7%、0・9%、75ドルである（数値はすべて79年度）。

とくに日本国民一人あたりの負担がかなり軽いことが容易に理解できよう。われわれは中立政策を考える場合、以上の事実をしっかり認識しておく必要があろう。

## 六　政府の徴兵制解釈について

以上、徴兵制について各国憲法との関係で概観してきたが、これら各国憲法の状況をふまえたうえで、政府の徴兵制に関する解釈を検討してみたい。

政府は、1981年3月10日、自民党の森清代議士からの質問状に対して、まず憲法18条の「その意に反する苦役」を「広く本人の意思に反して強制される役務をいうもの」と解し、現在の自衛隊員は志願制により本人の自由意思にもとづいて採用されているのであるから、「その意に反する苦役」にあたらないことはいうまでもないが、徴兵制度は、一定の役務に従事することが本人の意思に反して強制されるものであることに着目して、「その意に反する苦役」にあたると考えているのだと答弁している。

また災害救助法等にもとづく従事命令（注・同法24条にすれば、都道府県知事は、とくに必要と認めるときには、土木建築工事、輸送、医療関係者に対し強制的に救助業務に従事させることができる）については、「その役務の提供は公共の福祉に照らし当然に負担すべきものとして社会的に認められる範囲内のものと考えられるから、憲法に違反するものではないと考えている」と述べている。

要するに、災害救助などにおける強制的な従事命令は、「公共の福祉の上から社会的に認められる範囲」のものであるのに反し、国家を守ることは「公共の福祉の上から社会的に認められる範囲外のもの」だというのである（この点についても多く述べなければならないが、ここではふれない）。

政府の右のような解釈（そしてわが国憲法学界の有力な学者の説でもあるが）は、いったい普遍性をもちうるであろうか。すでに徴兵制に関する各国憲法の態様についてみてきたことから明らかなように、筆者は、つぎの5つの理由により、とても普遍性をもつことができないと断定せざるをえない。

既述したことと重複するので、整理しながら簡単にいえば、第1は、わが国憲法18条の淵源となっているアメリカ憲法改正13条の「その意に反する苦役」につき、連邦最高裁判所によって「個人が国家に負う諸々の義務――軍隊、ミリシャにおける役務や陪審員となるサービスの提供――を禁止することを意図したものでない」（1916年のバトラー対ペリー事件）と判断され、選択徴兵制の合憲性も確認されて（1917年の選抜徴兵法事件）、こんにちにいたっているということである。

もちろんわが国の憲法は、日本文を主体に考えなければならないが、おそらくアメリカ人の手によってつくられなければ、わが国憲法にかかる条項が入れられなかったであろう。そのようなことを思うとき、アメリカ連邦最高裁判所の右判決は重い響きをもつものとして受け止めなければならない。

第2に、政府は「その意に反する苦役」を「その意に反する役務のうち、その性質が苛酷なものとか苦痛をともなうもののみに限られず、広く本人の意思に反して強制される役務をいう。したがってたとえ通常の役務であっても、本人の意思に反して強制される以上、〝その意に反する苦役〟にあたることになる」と解釈している。すなわち「その意に反する苦役」を強制労役ないし強制労働と解しているのであって、この解釈それ自体は正しい（1967〈昭和42〉年の福岡高等裁判所の判決などもこのように解している）。

ただし、政府は徴兵制イコール強制労役とみており、強制労役が禁じられている以上、徴兵制は憲法上認められないことになるというのである。したがって、強制労役の禁止と徴兵制は同一憲法のなかで並び立たない関係におかれる。

この点、各国の憲法はどうなっているだろうか。憲法で強制労役の禁止を明記している国家は70か国近くある。そのうち英連邦参加諸国の多くを除いて（これらの国の憲法の多くには義務規定がない）、ほとんどが同一憲法中に国民に対し兵役の義務を課しているのである。

この事実は、何を意味しているのか。世界の国は、強制労役の禁止と徴兵制とはまったく異質のものだと考えていることである。勝田吉太郎京大教授は、筆者のこの点の指摘(『月曜評論』1981年3月2日号)をとらえて、「世界の常識は日本の非常識、日本の非常識は世界の常識」(サンケイ新聞3月20日「正論」欄)と喝破しておられるが、徴兵制という世界的な概念を、外には通用しない解釈に変えてしまうのは、まさに「珍無類」ということになろう(サンケイ新聞3月25日「正論」欄の奥原唯弘近大教授の表現)。

第3に、兵役を含め、祖国を守ることを単に国民の義務としているだけでなく、「権利」としている国家がすでに述べたように74年のユーゴスラビア憲法はじめ、8か国もあるということである。またバーレーン憲法(1973年)30条、イラク憲法(1970年)31条a、コンゴ憲法(1979年)15条などいくつかの憲法では、祖国の防衛や兵役を「名誉」としているのである。

このように「権利」や「名誉」としているものを、「苦役」などと称するのは、これらの国に対し非礼になりはせぬか。「所変われば品変わる」といってすませる問題ではないだろう。

第4に、兵役を普通の義務と分け、一段高い「神聖な」とか、「名誉ある」義務としている国家が、社会主義圏ではほとんど例外なく、また非社会主義圏でもイタリア、マダガスカル憲法19条、スーダン憲法57条などいくつかある。ほかにギニア・ビサオ憲法12条、サントメ・プリンシペ憲法11条などでは「最高の」義務としている。とくにすべての社会主義諸国憲法は、国防と兵役を名誉ある、かつ神聖な義務と定め、そのすぐ後の条文あるいは同一条文中に、「祖国に対する裏切りは、重大な犯罪であり、厳罰に処する」と規定しているのである。したがって、これらの諸国で兵役を苦役などと解釈すれば、どのような取り扱いを受けるだろうか。

第5に、徴兵制の歴史をみると、それは自分たちの国をみんなで守ろうということに端を発しており、とくに近代の国民皆兵の思想は、自由市民の義務の精神がおのずから高まった結果もたらされたのだということである（佐藤徳太郎『軍隊・兵役制度』）。

以上の理由から、政府の徴兵制に関する解釈は、およそ世界的に通用しない解釈といわなければならない。なぜそのような解釈にいたったのか。その最大の理由は、比較憲法的知識を欠いているからと思われる。そしてこのような比較憲法的知識を欠いた「井の中の蛙」的解釈は、まことに悲しいかな、わが憲法学界の通弊なのである。筆者が年来、各国憲法の動向を組織的、体系的に分析し、誤りのない解釈を導き出すべく比較憲法研究所の設置を訴えているゆえんがここにある。

最後に、国会審議で一番残念だったのは、志願制の政策論がまったく論じられなかったことである。志願制と徴兵制の利害得失を比較し、志願制をとることがなぜわが国に適しているのか、徴兵制がどのような不利益をもたらすのかという点については、不問のままであった。

筆者自身は、政策論として志願制でよいと考えているが、志願制にもいろいろな欠点があるはずである。現在、志願制のみで構成されている自衛隊がどのような問題点をかかえているのか、その点の議論を深めることこそが国会の責務というべきであろう。

なお、誤解のないように一言しておけば、本稿はあくまで徴兵制に関する各国の憲法状況を紹介することと、政府の徴兵制解釈の誤りを指摘することを目的としており、徴兵制の是非を論じようという意図はもっていない。
※本稿執筆に際して文中に引用したもののほか、多くの文献を参考にしたが、繁雑になるのを避けるため、いちいち明記することを省略した。
（雑誌『正論』１９８１年６月号）

# 世界各国における徴兵制一覧

**1．社会主義陣営**（ソ連または中国と安全保障条約を締結している諸国）

| 国　　名 | 現行憲法制定年 | 憲法に兵役・国防義務の規定あり | 憲法に兵役義務の規定なし | 徴兵制 | 志願制 | 総兵力(人) |
|---|---|---|---|---|---|---|
| ソ　連 | 1977 | ○ | | 陸・空2年<br>海2～3年 | | 3,658,000 |
| 中　国 | 1978 | ○ | | 陸3年、空4年<br>海5年 | | 4,450,000 |
| 北　朝　鮮 | 1972 | ○ | | 陸・海5年<br>空3～4年 | | 678,000 |
| ブルガリア | 1971 | ○ | | 陸・空2年<br>海3年 | | 149,000 |
| チェコスロバキア | 1960 | ○ | | 陸2年<br>空3年 | | 195,000 |
| 東ドイツ | 1968 | ○ | | 18カ月 | | 162,000 |
| ハンガリー | 1972 | ○ | | 2年 | | 93,000 |
| ポーランド | 1952 | ○ | | 陸・空2年<br>海3年 | | 317,500 |
| ルーマニア | 1965 | ○ | | 陸・空16カ月<br>海2年 | | 184,500 |

**●表の見方**

1．この表は、社会主義陣営9カ国、自由主義陣営44カ国、非同盟会議参加国83カ国、中立国3カ国、その他の諸国26カ国の合計165カ国を対象としている。（それぞれの陣営の分け方は、本文参照）

2．以上165カ国のうち、成典憲法をもっていない国、および未制定の国16カ国を除くと、憲法で兵役の規定を設けている国家83、設けていない国家66となる。

3．憲法の規定の有無にかかわらず、実際に徴兵制をとっている国家は80、とっていない国家44、軍隊をもっていない国家および不明の国家41となる。

**本表作成に当たり使用した主な文献**


●Blaustein & Flanz, Constitutions of the Countries of the World. Oceana Publications Inc.
●Peaslee, Constitutions of Nations. 3rd ed. Nijhoff.
●Keegan, World Armies, 1979, Macmillan Press.
●国際戦略研究所編・防衛庁防衛局調査第2課監訳「ミリタリー・バランス1980－81」朝雲新聞社

## 2．自由主義陣営（アメリカまたはイギリスと安全保障を締結している諸国）

| 国　名 | 現行憲法制定年 | 憲法に兵役・国防義務の規定あり | 憲法に兵役義務の規定なし | 徴兵制 | 志願制 | 総兵力（人） |
|---|---|---|---|---|---|---|
| アメリカ | 1787 | | ○ | | ○ | 2,050,000 |
| イギリス | 成文憲法なし | | | | ○ | 329,204 |
| ベルギー | 1831 | | ○ | 8～10カ月 | | 87,900 |
| フランス | 1958 | | ○ | 12カ月 | | 494,730 |
| 西ドイツ | 1949 | ○ | | 15カ月 | | 495,000 |
| イタリア | 1947 | ○ | | 陸・空12カ月<br>海18カ月 | | 366,000 |
| ルクセンブルク | 1868 | | ○ | | ○ | 660 |
| オランダ | 1815 | ○ | | 陸14カ月<br>海・空14～17カ月 | | 114,980 |
| デンマーク | 1953 | ○ | | 9カ月 | | 35,050 |
| ギリシャ | 1975 | | ○ | 24～32カ月 | | 181,500 |
| ノルウェー | 1814 | ○ | | 陸12カ月<br>海・空15カ月 | | 37,000 |
| ポルトガル | 1976 | ○ | | 陸16カ月・海24カ月<br>空21～24カ月 | | 59,540 |
| トルコ | 1961 | ○ | | 20カ月 | | 567,000 |
| カナダ | 1867 | | ○ | | ○ | 78,646 |
| アルゼンチン | 1853 | ○ | | 陸・空1年<br>海14カ月 | | 139,500 |
| ボリビア | 1967 | ○ | | 12カ月 | | 23,800 |
| ブラジル | 1967 | ○ | | 1年 | | 272,550 |
| チリ | 1980 | ○ | | 1年（陸・海のみ） | | 88,000 |
| コロンビア | 1886 | ○ | | 2年 | | 常備軍禁止約5,000人のcivil guard |
| コスタリカ | 1949 | | ○ | | | 65,800 |
| ドミニカ共和国 | 1966 | ○ | | | ○ | 19,000 |
| エルサルバドル | 1962 | ○ | | | ○ | 7,250 |
| グアテマラ | 1965 | ○ | | | ○ | 14,900 |
| ハイチ | 1964 | ○ | | | ○ | 7,500 |
| ホンジュラス | 1965 | ○ | | | ○ | 11,300 |
| メキシコ | 1917 | ○ | | | ○ | 107,000 |
| パナマ | 1972 | ○ | | | ○ | |
| パラグアイ | 1967 | ○ | | 18カ月 | | 16,000 |
| ペルー | 1933 | ○ | | 2年 | | 95,000 |
| ウルグアイ | 1967 | | ○ | | ○ | 30,000 |
| ベネズエラ | 1961 | ○ | | 2年 | | 45,000 |
| エクアドル | 1945 | ○ | | 2年 | | 38,800 |
| トリニダード・トバゴ | 1976 | | ○ | | ○ | |
| バルバドス | 1966 | | ○ | | ○ | |
| ジャマイカ | 1962 | | ○ | | | 4,000 |
| グレナダ | 1973 | | ○ | | ○ | 200人から成るVolunteer Forceのみ |
| オーストラリア | 1900 | | ○ | | ○ | 71,011 |
| ニュージーランド | 1852 | | ○ | | ○ | 12,640 |
| フィリピン | 1973 | ○ | | ○ | | 112,800 |
| 韓国 | 1980 | ○ | | 陸・海兵2年<br>海・空3年 | | 600,600 |
| タイ | 1978 | ○ | | 2年 | | 230,800 |
| 台湾 | 1947 | ○ | | 2年 | | 438,200 |
| 日本 | 1946 | | ○ | | ○ | 241,000 |

### 3　非同盟首脳会議（1981年２月開催）参加国（１、２表諸国を除く）

| 国名 | 現行憲法制定年 | 憲法に兵役・国防義務の規定あり | 憲法に兵役義務の規定なし | 徴兵制 | 志願制 | 総兵力（人） |
|---|---|---|---|---|---|---|
| アフガニスタン | 1977 | ○ | | 2年 | | 40,000 |
| インド | 1949 | ○ | | | ○ | 1,104,000 |
| インドネシア | 1945 | ○ | | ○ | | 241,800 |
| 民主カンボジア | 1976 | ○ | | | | ベトナム軍により占領2万～3万 |
| シンガポール | 1959 | | ○ | 24～36カ月 | | 42,000 |
| スリランカ | 1978 | | ○ | | ○ | 14,940 |
| ネパール | 1962 | | ○ | | ○ | 22,000 |
| パキスタン | 1973 | ○ | | | ○ | 438,600 |
| バングラデシュ | 1972 | | ○ | | ○ | 72,000 |
| ブータン | 成典憲法なし | | | | | インドが外交政策を指導． |
| ベトナム | 1980 | ○ | | 最低2年 | | 1,029,000 |
| マレーシア | 1963 | | ○ | | ○ | 66,000 |
| モルジブ | 1968 | | ○ | | | National guard |
| ラオス | 人民共和国樹立後未制定 | | | ○ | | 55,700 |
| アラブ首長国連邦 | 1971 | ○ | | ○ | | 25,150 |
| 北イエメン | 1974 | （1971恒久憲法○） | | 3年 | | 32,100 |
| 南イエメン | 1970 | ○ | | 2年 | | 23,800 |
| イラク | 1970 | ○ | | 21～24カ月 | | 242,250 |
| イラン | 1979 | ○ | | 18カ月 | | 240,000 |
| オーマン | 成典憲法なし | | | | ○ | 14,200 |
| カタール | 1970 | | ○ | | | 4,700 |
| キプロス | 1960 | ○ | | ギリシャ系26カ月<br>トルコ系30カ月 | | 9,000 |
| クウェート | 1962 | ○ | | 18カ月 | | 12,400 |
| サウジアラビア | 成典憲法なし | | | ○ | | 47,000 |
| シリア・アラブ | 1973 | ○ | | 30カ月 | | 247,500 |
| バーレーン | 1973 | ○ | | | | 2,500 |
| ヨルダン | 1952 | | ○ | ○ | | 67,200 |
| レバノン | 1926 | | ○ | ○ | | 23,000 |
| アルジェリア | 1976 | ○ | | 6カ月 | | 101,000 |
| アンゴラ | 1975 | ○ | | 2年 | | 32,500 |
| ウガンダ | 1967 | | ○ | | | 7,000 |
| エジプト・アラブ | 1971 | ○ | | 1年 | | 367,000 |
| エチオピア | （共和制樹立以来憲法未制定） | | | ○ | | 229,500 |
| オートボルタ | 1977 | ○ | | | | 3,775 |
| ガーナ | 1979 | | ○ | | ○ | 17,450 |
| カーボベルデ | 憲法未制定 | | | | | |
| ガボン | 1975 | | ○ | | | 1,550 |
| カメルーン | 1972 | | ○ | ○ | | 7,300 |
| ガンビア | 1970 | | ○ | | | |
| ギニア | 1958 | ○ | | ○ | | 9,150 |
| ギニア・ビサオ | 1973 | ○ | | | | 6,100 |
| ケニア | 1969 | | ○ | | ○ | 14,750 |

### 3．非同盟首脳会議（1981年2月開催）参加国（1、2表諸国を除く）

| 国名 | 現行憲法制定年 | 憲法に兵役·国防義務の規定あり | 憲法に兵役義務の規定なし | 徴兵制 | 志願制 | 総兵力(人) |
|---|---|---|---|---|---|---|
| コートジボアール | 1960 | | ○ | 6カ月 | | 6,450 |
| コモロ | 1978 | | ○ | | | ごく少数の軍隊 |
| コンゴ人民 | 1979 | ○ | | | | 5,525 |
| ザイール | 1978 | ○ | | | ○ | 20,500 |
| サントメ・プリンシペ | 1975 | ○ | | | | 160 |
| ザンビア | 1973 | | ○ | | ○ | 14,300 |
| シエラレオネ | 1978 | | ○ | | ○ | 2,700 |
| ジブチ | (憲法的法律) 1977 | | | | | 1,000 |
| ジンバブエ | 1979 | | ○ | 現在は12～18カ月の兵役終了後志願制に移行 | | 13,500 |
| スーダン | 1973 | ○ | | ○ | | 68,000 |
| スワジランド | (憲法停止中) | | | | | |
| セイシエル | 1979 | | ○ | | | ごく小規模 |
| 赤道ギニア | 1973 | ○ | | | | 850～1,000 |
| セネガル | 1963 | | ○ | 18カ月～2年 | | 9,420 |
| ソマリア | 1979 | ○ | | | ○ | 61,550 |
| タンザニア | 1977 | | ○ | | ○ | 51,850 |
| チャド | (基本憲章) 1978 | | | | | 3,200 |
| 中央アフリカ | 1976 | | ○ | 2年 | | 1,860 |
| チュニジア | 1959 | | ○ | 12カ月 | | 28,600 |
| トーゴ | (1967以降未制定) | | | 2年 | | 3,510 |
| ナイジェリア | 1979 | ○ | | | ○ | 146,000 |
| ニジェール | 1960 | | ○ | 2年 | | 2,200 |
| ブルンジ | (1976以降未制定) | | | | | 6,000 |
| ベナン | 1977 | ○ | | 18カ月 | | 2,180 |
| ボツワナ | 1966 | | ○ | | | 2,000 |
| マダガスカル | 1975 | ○ | | 18カ月 | | 13,000 |
| マリ | 1974 | ○ | | 2年 | | 4,950 |
| モーリシャス | 1977 | | ○ | | ○ | 700～800 |
| モーリタニア | (1976 憲法的憲章) | | | 2年 | | 7,970 |
| モザンビーク | 1978 | ○ | | 2年 | | 24,300 |
| モロッコ | 1972 | ○ | | 18カ月 | | 116,500 |
| リビア・アラブ | 1969 | ○ | | 18カ月 | | 53,000 |
| リベリア | 1847 | | ○ | | ○ | 5,130 |
| ルワンダ | 1978 | ○ | | | ○ | 3,650 |
| レソト | (1970以降未制定) | | | | | |
| ニカラグア | 1974 | ○ | | | ○ | 1979.6. 左翼政権樹立 |
| ガイアナ協同 | 1966 | | ○ | | | 7,000 |
| キューバ | 1976 | ○ | | 3年 | | 206,000 |
| スリナム | 1975 | ○ | | | ○ | 1,000強 |
| セントルシア | 1978 | | ○ | | | |
| マルタ | 1975 | | ○ | | | 500ぐらい |
| ユーゴスラビア | 1974 | ○ | | 陸・空15カ月、海18カ月（15カ月に短縮予定） | | 264,000 |

## 4．中立国

| 国名 | 現行憲法制定年 | 憲法に兵役·国防義務の規定あり | 憲法に兵役義務の規定なし | 徴兵制 | 志願制 | 総兵力(人) |
|---|---|---|---|---|---|---|
| スイス | 1874 | ○ | | 最初17週間、その後年間3週間 | | 3,500 |
| スウェーデン | 1974 | | ○ | 陸・海7.5～15カ月<br>空8～12カ月 | | 66,100 |
| オーストリア | 1920 | | ○ | 6カ月 | | 50,300 |

## 5．これ以外の諸国

| | | | | | | |
|---|---|---|---|---|---|---|
| ビルマ | 1974 | ○ | | | ○ | 173,500 |
| モンゴル | 1960 | ○ | | 2年 | | 28,100 |
| イスラエル | 成典憲法なし | | | 男子36カ月<br>女子24カ月(民族限定) | | 169,600 |
| フィジー | 1970 | | ○ | | ○ | 1,420 |
| キリバス | 1979 | | ○ | | | 警察隊(168人)のみ |
| ナウル | 1968 | | ○ | | | |
| パプア·ニューギニア | 1975 | | ○ | | ○ | 3,692 |
| ソロモン諸島 | 1978 | | ○ | | | 警察隊のみ |
| トンガ | 1968 | | ○ | | ○ | 200 |
| ツバル | 1978 | | ○ | | | |
| バヌアツ | 1980 | | ○ | | | |
| 西サモア | 1960 | | ○ | | | |
| マラウイ | 1966 | | ○ | | ○ | 3,600 |
| 南アフリカ | 1962 | | ○ | 24カ月 | | 86,050 |
| アルバニア | 1976 | ○ | | 陸2年<br>空・海・特殊部隊3年 | | 41,000 |
| フィンランド | 1919 | ○ | | 8～11カ月 | | 39,900 |
| バチカン | 1929(基本法) | | ○ | | | |
| アイスランド | 1944 | ○ | | | | |
| アイルランド | 1937 | | ○ | | ○ | 14,790 |
| リヒテンシュタイン | 1921 | ○ | | | | |
| モナコ | 1962 | | ○ | | | |
| サンマリノ | 成典憲法なし | | | | | |
| スペイン | 1978 | ○ | | 15カ月 | | 342,000 |
| バハマ | 1973 | | ○ | | | |
| ドミニカ国 | 1978 | | ○ | | | |
| セントビンセント | 1979 | | ○ | | | |

日系人の強制収容を謝罪したアメリカ憲法

# パール・ハーバーの傷跡は癒えたか

12万人余りの日系人を強制収容したことは誤りだった。40数年をへて、米国政府は公式に謝罪した。その意義を考える。

## はじめに

1988（昭和63）年8月10日にロナルド・レーガン大統領の署名によって成立した「市民の自由法」（戦時市民強制収容補償法）は、戦時中、強制収容された日系人にアメリカ政府機関が公式に謝罪すること、現存者約6万人に対し一人あたり2万ドルの補償金を与えることをおもな内容としている。ここに、戦後40数年をへて日系人に加えられた差別的取り扱いの見直しがはかられたわけで、この法律のもつ意義は、アメリカの憲法・政治史上、きわめて大きい。

それは、第1に、行政、立法、司法の三権が40数年前の非を完全に認め、公的に謝罪したことである。すなわち大統領が署名するにあたり、12万人余の日系人を強制収容したことは誤りであり、この「重大な過ちを正すため」であることを言明した。

また、連邦議会は、両院合意の前文において、「日系市民の自由と憲法上の諸権利の基本的な侵害に対し、米国連邦議会は国に代わって謝罪する」と明言した。

さらに、司法権は、連邦地裁、高裁の段階で、かつて連邦最高裁判所が強制収容措置を合憲としていた判断を覆し、当該措置は明らかに違憲であると判示した。このように、三権すべてがかつてとった措置の誤りを認めたことは、これまでになかったことである。

第2に、戦時における情報と人権保護との関係を再考する契機を与えたことである。戦時中の1943、44年に相次いで出された連邦最高裁判所の合憲判決を再審理し、連邦地裁、高裁で違憲と断定したのは、当時、適切な情報が関係機関に示されていなかったことが明白になったからである。

連邦最高裁判所が「軍事的必要性」を優先させ、人権保護を後退させる判断をくだしたのは、陸軍省からの一方的な情報を基礎にしたからであった。しかし、すでに42年当時、軍当局ならびに司法省内部に「全部の日系人を強制収容させる必要がない」という文書のあったことが82年に見つかり、今回、そのときにとられた措置が全面的に見直されることになった。

第3に、日系人に対する公の謝罪は、少数民族に対する象徴的行為としての意味をもっていることである。いうまでもなく、アメリカは、〝人種のるつぼ〟である。その意味で、今度の措置は、少数民族からきわめて注目されたことは、当然である。

第4に、国民への教育効果である。アメリカの多くの国民は、戦時中、日系人が強制収容された事実を知らない。また、たとえそんな事実があったとしても、財政赤字のおり、なぜ、12億5千万ドルもの補償金を支払わなければならないのかという声があった。そこで、レーガン大統領は、法律の署名式において、日系人は当時、馬小屋同然の収容所で、一家族一部屋という、プライバシーのまったくない生活を余儀なくされたことを強調した。また、議会においては、アメリカ憲法の理念が何度も引き合いに出され、その気高い理念実現のためにも、補償金の必要なことが力説された。1988年の春、首都ワシントンの歴史博物館に、当時の模様を伝える生々しい展示物数百点が陳列されたのは、国民の教育効果をはかったものにほかならない。

もとはといえば、これら日系人が強制収用されたのは、1941年12月8日（現地では12月7日）のパール・ハーバーに端を発したことであって、われわれとしても、決して無関心ではいられない。筆者は、この法律制定に大きな影響を与えた逆転判決の当事者や、法律制定に中心的役割を果たしたノーマン・ミネタ下院議員らに会って直接話を聞いてきたので、それらの人たちの声を紹介しつつ、この法律のもつ背景などを考えてみたい。

日系人の強制収用措置の根拠になったのが、1942年2月19日の行政命令第9066号である。これは、日本軍によるパール・ハーバー奇襲攻撃から約2か月後にルーズベルト大統領によって発せられた。この行政命令は、陸軍長官と軍司令官に、サボタージュ、スパイおよび内通活動を防止するため、夜間外出禁止令、強制立退きなどを命ずる権限を与えた。かくて、日系人は、その後、全米7州10か所に設けられた収容キャンプでの生活を余儀なくされたのである。

この軍司令官の命令に抵抗して逮捕された日系人が3人いた。ゴードン・ヒラバヤシ、フレッド・コレマツおよびミノル・ヤスイの3氏である。

## 逆転判決の当事者たち

ヒラバヤシ氏が筆者に語ったところによると、以下のようである。

当時、氏は、ワシントン大学の4年生であった。最初、夜間外出禁止令が出ていたので、時間になると、図書館から寮に戻らなければならない。寮には、日系人は自分一人だったので、非常な孤立感をいだくようになった。こんなことが3、4日続いたが、そのうち、なぜ自分だけがこのような取り扱いを受けなければならないのか、疑問に思えてきた。もし、自分が本当のアメリカ人なら、こんな取り扱いを受けるはずがない。自分は、アメリカで生まれ、アメリカ国籍をもっている。日本人を親にもつというだけで、なぜ憲法で保障されている権利を制限されなければならないのか。こんな疑問をいだいていたところ、土地を出なければならなくなった。

そこで、憲法に従うべきか、地区の軍司令官の命令に従うべきか考え、結局、憲法に従う方を選んだ。そこで、ほかの人たちが土地をみな出た後、自分一人だけ残った。アメリカ人の係官は、何とかして立退きの登録にサインさせようと説得したが、拒否したため、このときは3日ぐらい拘置所に入れられた。

こうして、ヒラバヤシ氏の裁判が開始されるのだが、第1審の連邦地裁の訴訟指揮はかなりでたらめだったようだ。ヒラバヤシ氏側は、憲法違反を問うたにもかかわらず、裁判官は、陪審員に対して、憲法のことはここでは考慮に入れる必要はない、被告が日系人に対して発せられている命令に従ったかどうかだけを考えなさい、と述べた。これでは無罪になるはずがなく、90日間の拘禁が言い渡された。ヒラバヤシ氏は、当然、これに不服を申し立て、連邦最高裁判所にまで持ち込んだが、有罪判決は覆されなかった。

連邦最高裁判所は、1943年6月21日、軍事的必要性から、日系人をいくつかのキャンプに収容させたことはやむをえなかった、忠誠組と不忠誠組を分ける時間的余裕がなかった、日系人に対してこのような措置を講じたことは、必ずしも憲法の禁ずる平等原則に反しない旨を判示した。

この判決には、３人の判事による補足意見が付されているが、そのなかの一人、フランク・マーフィ判事は、後ほどつぎのように語ったといわれている。自分は、多数意見にどうしても同調できず、反対意見を書くつもりでいた。けれども、同僚の裁判官から、この判決は全員一致がのぞましいという圧力がかけられ、ついそれに従った。しかし、その翌日から、良心に痛みを感じた、と。

このマーフィ判事が、良心に忠実に判断を示しえたのが、つぎのコレマツ事件においてである。

コレマツ氏には、当時、白人のガール・フレンドがおり、立退きの期日がきても、所定の場所に留まったままであった。コレマツ氏はいう。

「私は、そのとき22歳でした。この命令のことを知って、本当に驚きました。家族は、私が一緒に出たと思っていたようです。私は、アメリカで生まれたアメリカ人なのです。学校で、アメリカ憲法には人はみな平等であると書いてあると学びました。なぜ私たちが差別されなければならないのか、失望したことを今でもはっきり覚えています」

コレマツ氏に対する最終刑は、５年間の保護観察であった。３か月の監獄生活の後、家族が入っているユタ州のトパーズ収容所で生活を送り、毎月、当局にレポートを提出することを要求された。コレマツ氏は、収容所内で建物造りの手伝いをしていたが、月の収入は十何ドルかだったという。それでも何とかやっていけたのは、収容所では、三食が保証されていたからである。

コレマツ事件についての連邦最高裁判所の判決は、やはり有罪であったが、このときは、マーフィ判事をはじめ、3人の判事が反対意見を書いている。マーフィ判事は、つぎのように断じた。

「このように、戒厳令もしかれていないのに、軍事的必要性を口実にして、すべての日系人を太平洋岸から立退かせることは、承認されるべきでない。このような立退きは、憲法で認められている権限の限界をまさに超えており、人種主義の奈落の底に陥っている」

もう一人のヤスイ氏は、意図的に外出禁止令に違反し、逮捕された。彼は、オレゴン大学の法科大学院を終え、1939年に弁護士になった。強制収容命令などという措置は、どう考えても正義に反すると思い、夜間外出禁止令が発せられたつぎの日の夜、堂々と通りを歩いていたが、誰もつかまえてくれない。そこで、みずから警察署に赴いた。1審の刑は、懲役1年、罰金5千ドルであった。連邦最高裁判所まで争ったが、やはり有罪判決は覆されなかった（ヤスイ氏は、やり直し裁判中の86年11月に死去）。

こうして、最終審たる連邦最高裁判所でいずれも、被告らの主張はしりぞけられたわけであるから、確定したままで終わるかにみえた。ところが、40年後、思わぬハプニングが起こった。１９８２年のある日、ヒラバヤシ氏のところへピーター・アイアン教授（現カリフォルニア大学サンディエゴ校教授）から、再審が可能かもしれないという電話があったのである。教授が国立公文書館で資料を捜していたところ、重要な資料が見つかったので、これを手がかりに裁判をやり直せるのではないかというものであった。

そしてその資料には、軍の司令官も、当初、全部の日系人を立退かせるほどの軍事的必要性はないと判断していたこと、また、司法省において、軍当局の決定に同調できないとの勧告が上層部に伝えられていたことなどが示されていた。これらの判断が正しく伝えられていたならば、全日系人の強制立退きもなかったであろうし、裁判所も違った判決をくだしたであろう。

これらの判断が反日的圧力の前に押しつぶされて、まったく逆の決定となったわけであるから、「自己誤審令状」（Writ of error coram nobis）に該当するのではないかというわけである。この「自己誤審令状」というのは、同じ裁判所が事実上の誤審を理由に前に自己がくだした判決を訂正するために用いられるもので、本事件に十分適用できると踏んだ。こうして、裁判やり直しに向けて新たな行動が起こされた。

このやり直し裁判で特筆されるのは、日系3世の弁護士たちの活動ぶりである。かれらが生まれ、育った環境は、まさにアメリカ人のそれであった。権利意識はきわめて強く、自己の正当性を主張することに何の抵抗もなかった。この点が2世と本質的に違う点である。

2世は、まだ完全にアメリカ人のコンセプトをもっておらず、自己主張することは苦手であるのみならず、むしろ声高に自己をアピールすることは恥であるという意識を強くもっていた。コレマツ氏の娘は、学校でコレマツ・ケースを習ったとき、それが自分の父親のことだとは最初気がつかなかったという。

筆者はコレマツ事件の弁護グループのうち、デール・ミナミ、ドナルド・タマキ、ロバート・ラスキの諸氏に会った。ミナミ、タマキの両氏は3世であるが、日本語はまったく話せないし、発音はアメリカ人そのものである。

ミナミ氏は、熱っぽく語った。

「とくに裁判の当事者である2世たちは、アメリカに生まれ、アメリカに忠誠を誓っており、日本とは何ら特別の関係をもっていませんでした。私たちがこの事件を扱ったのは、誤った情報にもとづくアメリカ憲法の運用を是正させたいと考えたからです。最初は、ほんの数人しかボランティアがいませんでしたが、まず事件の内容を知ってもらうことが大切だと思い、全国的な支援組織づくりと教育に取り組みました。反響がかなりあり、それが勝訴に結びついたのだと思います。ともあれ、今度のように、三権のすべてが憲法上の誤りを公式に認めるというようなことは、アメリカのみならず、世界的にも珍しいのではないでしょうか」

この組織づくりに大きく貢献したのが、タマキ氏である。「弁護士たちには、週に5時間ボランティアの時間をつくってもらいました。弁護士たちはみな若く、学生時代、これらの判決を学んでいましたが、それらが誤情報に依拠していたことを知って、自分たちの手でそれを正さなければならないという使命感に燃えていました。弁護料のみならず、全国的に広がった支援組織との連絡、資料の作成、コピー代など随分費用がかかりましたが、これらはすべて寄付で賄いました」と、同氏は弁じた。

ラスキ氏が応援に乗りだしたのは、奥さんも日系3世の弁護士で、すでに支援グループに入っていたこともあるが、前から最高裁判所の判決は理に合わないものと考えていたことにもよる。

「あの判決を学生のとき読んで、人種差別と軍による市民のコントロールという、わが国の憲法の精神に反する由々しき問題が含まれていると思っていました。今後もこのような事件が起こらないとも限らず、参加の意義は十分あると感じました」

こうして、若い弁護士たちが中心になって、かつて合憲判断をくだした連邦最高裁判所の牙城を落とそうという大きな冒険に挑戦したわけである。結果は、コレマツ事件では、83年11月10日、連邦地裁でコレマツ氏が全面勝訴、またヒラバヤシ事件では、87年9月24日に連邦高裁でヒラバヤシ氏が全面勝訴、政府側はいずれも上訴せず、ここに二人の名誉が完全に回復された。このように、かれらの活動が成功した背景には、たまたま極秘資料の発見という幸運に恵まれたこともあるが、かれらの正義感、バックアップしたひとたちの熱意、そして最後には、憲法の精神である正義、平等、公正を尊重する態度を堅持した裁判所の姿勢によるものであろう。

## 調査委員会の報告書

いま一つ、法律の成立に大きな影響を与えたのは、行政命令第９０６６号をめぐる事実関係、軍事命令の検討と適当な救済策を勧告するべく設けられた「戦時における市民の強制収容所に関する委員会」の報告書である。

この委員会は、１９８０年7月、ジミー・カーター大統領の署名によって設置された。同委員会（委員長の名をとってバーンスタイン委員会といわれている）は、とくに西海岸を中心に20日間の公聴会を開き、被収容者、元役人、歴史家など７５０人の証人から意見を聞き、82年12月、470頁にわたる報告書「拒否された個人の権利」を作成、さらに、翌年6月、5項目からなる勧告をおこなった。

この報告書のなかから、目につく部分を摘記すると、以下のようである。

「このような立退き、移住、拘束の政策は、個々人に対して検討することなく、12万人全体に対して実施され、かつ立退きは、合衆国に対して示された忠誠を考慮することなく、続けられた。ドイツ系、イタリア系人に対しては、個別的、選別的であった」

「記録からは、日系人に西海岸から立退きを命ずるほどの軍事的必要性があったと認めることができない。……立退きのための軍事的必要性の正当性がなかったという結論から、日系人を拘束するための根拠がなかったということが導かれる」

「要するに、行政命令第9066号の公布は、軍事的必要性によって正当化されえず、その命令にもとづいて発せられた拘束等の措置は、軍事的状況の分析によってなされたのではない。これらの決定を形作った広範な歴史的原因は、人種的偏見、戦時ヒステリー、および政治的指導性の欠如によるものである。ひろくゆきわたっていた日系人に対する無知が、性急になされ、かつ日本への恐れと怒りの雰囲気の中で実施された政策に貢献した。第二次世界大戦中、合衆国によって立退き、移住、拘束された日系人に対しては、個人的に検討することなく、また明白な証拠もなくおこなわれたものであって、重大な不正義がなされた」

そして、委員会は、連邦議会が大統領の署名を得て、重大な不正義がなされたことについて公式に謝罪する共同決議を通すこと、また補償のため、生存者約6万人に2万ドルずつ支払うこと、などの勧告をおこなった。

かくて、前述のような法律へと結実していったわけであるが、われわれは、委員会の調査活動から、つぎのような特色を引きだせるように思う。

第1に、徹底した真実への追及姿勢である。そのためには、歴代大統領のなかではきわめて評価の高いフランクリン・ルーズベルトについても、容赦なく攻撃している。たとえば、「決定を許した条件」の項目で、ルーズベルト大統領は、問題を内閣の討議のレベルにあげることなく、また状況について注意深い、十分な検討をすることなく、さらに司法長官の慎重意見や他の情報を吟味しないで、立退きを進言したヘンリー・スティムソン陸軍長官の意見に簡単に従ったし、1944年5月には、スティムソン長官の、立退きはもはや軍事的必要性をもたないとの意見具申に対して、大統領選挙の終わる11月まで決定を引きのばした。

このような事実をあげ、ルーズベルト大統領の政治的リーダーシップの欠如も大きな原因の一つであったと、報告書は断罪している。

第2に、その追及の基本になっているのは、正義、公正、自由、権利、平等という憲法理念である。報告書には、これらの言葉が頻繁に出てきており、日系人に対する強制収容措置は、これらの憲法理念に反すると断定している。

こうして、法律の制定へとはずみがついたが、そう簡単に両院を通過したわけではない。議員の説得に精力的にあたったのが、日系議員のダニエル・イノウエ、スパーク・マツナガの両上院議員、ノーマン・ミネタ、ロバート・マツイの両下院議員である。

ミネタ議員は、そのときの苦労をつぎのように語った。

「私自身、10歳のとき、サンタ・アニタからさらにワイオミングのハート・マウンテンで収容所生活を送りました。議員でも戦時中、日系人が強制収容されたという事実すら知らない人が多く、私の経験を話しながら個々に説得するとともに、委員会の設置、法案の共同提案者の確保など、徐々に多数派工作を進めていきました。ちょうど憲法制定200年記念にもあたり、憲法の理念をもち出すことによって、かなりの同意を得られました」

## おわりに

強制収容の対象となった日系人の多くは、家や土地の権利を二束三文で売り払い、2、3年特定の場所に閉じ込められ、解放後も、すぐには元の状態に復帰することができなかった。今は、サンフランシスコ州立大学の教授になっているモーガン・ヤマナカ氏は、当時を述懐して述べた。

「やはり、収容所は、監獄でした。また、命令が解かれ、外へ出ても、働くところがなく、私は、ワシントンD.C.で皿洗いをして、食をつなぎました」

インタビューした人たちの語る淡々とした口調には、かえってその苦労の深さが秘められているように感じられた。かれらにとって悲運の端緒になったのが、パール・ハーバーであり、その意味で、かれらは、アメリカの犠牲者であると同時に、日本の犠牲者でもある。

コレマツ氏はいう。

「私自身についていえば、日本人としての顔をもっていましたから、第二次大戦前からいろいろ差別されました。私は生まれてからこの70年の間、まだ日本へ行ったことがありません。けれども、アメリカでは、私たちは、日本人の代表としてみられてきたのです。その意味で日本の人たちに、自分のケースをよく知ってもらいたいと思います」

コレマツ氏とのインタビューを終えて出た、サンフランシスコのユニオン・スクエアは、多くの若い日本人観光客であふれていた。日系人に対する補償法制定については、日本の新聞でもとりあげており、それについて何人かの若い日本人観光客にたずねてみたところ、知らないと答えた方がはるかに多かった。このことは、ある程度予想されたとはいえ、時代の流れだけで片づけてしまうには、やはり何かひっかかるものが残った。
このアメリカの補償法成立を受けて、カナダのブライアン・マルルーニー首相は、1988年9月22日、カナダ政府も、戦時中、同国に強制収容された日系人に対し、公式に謝罪し、生存者約1万2千人に2万1千カナダ・ドルを補償することを明らかにした。これにより、アメリカとカナダに住む日系人は、戦後43年にして、ようやく「終戦」を迎えることができたといえよう。
しかし、43年とは、ずいぶん長い年月である。パール・ハーバーから数えて47年、その傷跡は癒やされたのであろうか。同じ血をひくわれわれとして、今度のアメリカ政府とカナダ政府のとった措置を契機に、もう一度、静かにかつ深く考えてみるべきではないだろうか。

（雑誌『正論』1988年12月号）

【追記】コレマツ氏は、98年1月、ビル・クリントン大統領から民間人最高位とされる大統領自由勲章を授与され、誕生日の1月10日は、カリフォルニア州、ハワイ州、フロリダ州、ニューヨーク市で「コレマツ・デイ」とされている。またヒラバヤシ氏は、死去してから4か月後の2012年5月、バラク・オバマ大統領により、大統領自由勲章が授与された。そしてミネタ氏は、クリントン政権下で商務長官、ジョージ・ブッシュ（子）政権下で運輸長官をつとめ、大統領自由勲章（06年）のほかに、日本政府から07年に旭日大綬章を受章している。

# 世界の最新の憲法動向

世界の諸国憲法は、たえず動いている。社会が変われば、必要に応じて憲法を見直していく――これが世界の憲法動向だ。

わが国の憲法論議に欠けている点は、世界の憲法動向をふまえてこなかったことにあるといえる。非常に狭い議論が展開されてきたように思われてならない。

「日本国憲法は新憲法」といわれるが、実情はどうなのか。「日本国憲法は世界で唯一の平和憲法」なのか。近年、「新しい権利」として、環境の権利、プライバシーの権利および知る権利があげられているが、世界のどの程度の憲法が、これらの権利を憲法に組み込んでいるのか。国家緊急事態対処条項を憲法に導入することは、平和条項や立憲主義に反するのか。

実は、これらについて、私が駒澤大学を定年退職する際に刊行した著書(『現代世界の憲法動向』成文堂、2011年)において、詳細な調査結果を発表した。世界の全憲法を対象にして、平和条項をすべて摘出し、17のカテゴリーを設け、それぞれの態様に対応する条文を掲げた（17のカテゴリーは、以下の表3に同じ）。

また、１９９０年以降に制定された全憲法につき、９つの項目に該当する条文を摘示した（９つの項目は、以下の表４―１、４―２に同じ）。

その後、各国で新憲法が作成され、あるいは主要諸国における憲法改正がおこなわれたときなど、同表をもとにして、毎年のごとく、「更新」してきた。いわばつけ足しをしてきたわけである。けれども、諸国憲法の変動は激しく、整理をしている私の方にも混乱が生じてきた。そこで本書を出版するに際して、全体を再整理し、作成し直すことにした。こうして出来上がったのが、以下の表１～表４―２である。


表1は、世界の現行憲法を年代順に掲げたものである。つぎの2点が注目される。第1点は、日本国憲法は古い方から14番目に位置する。世界的にとても「新憲法」とはいえない。むしろ旧世代の憲法に属する。第2点は、90年以降30年足らずの間に、１０４の新憲法が誕生していることである。なぜ90年か。同年10月に東ドイツが西ドイツに吸収合併されるというドイツ統一条約が発効、また91年12月にはソ連邦が崩壊するなど、多くの社会主義憲法体制国家の瓦解《がかい》、民主化憲法の模索という点で、一つの画期（エポック）を呈し、それが各国憲法にも少なからず影響を及ぼしたからである。

本書では、成典化された憲法をもっている国を成典化憲法国、そのような憲法をもっていない国を非成典化国と称する。両方を合した196か国の憲法を比較の対象としている。

表2は、現行憲法では最古の米国憲法から、1940年代最後に制定されたインド憲法にいたる19か国と、フランス、そしてミレニアム憲法というべきスイスとフィンランド憲法の改正の実際を掲示した。一見して明らかなように、各国は何度も憲法改正を繰り返しているなかで、70年以上にわたり無改正は、日本国憲法だけである。日本国憲法の異常、異様、異例さが浮き彫りにされる。

一つだけ付言しておきたい。ノルウェーの憲法について、ある本に400回以上も改正されたとあり、ノルウェー大使館に問い合わせたところ、司法省からメールで返答があった。「私たちにもわからない」。1か条でも改正しようとすれば、天地がひっくり返るような騒ぎになるわが国と何と違うことか。

表3は、平和条項を憲法に導入している161か国の憲法について、17の範疇を設定し、それぞれ採用国の国名を若干、記した。ここにおいても明確になった点は「日本国憲

法は世界で唯一の平和憲法」たる表現が、完全なフェイク情報だということである。
ここに一つだけ付言しておきたい。フィリピンでは、フェルディナンド・マルコス大統領の独裁体制崩壊後に大統領に当選したコラソン・アキノ政権の下で1987年、新憲法が制定された。この新憲法の目玉の一つが、外国の軍事基地を領土内に設置しないというものだった。そこで米軍がクラーク基地とスービック基地から撤収した。その結果、何が起きたか。中国が南シナ海へ進出し、人工島を構築、ミサイル基地を建設し、まさに軍事拠点化している。平和主義のもたらした負の代償といえるのではないか。

表4―2は、1990年2月のナミビア憲法から2019年8月のスーダン暫定憲法まで104の新憲法を対象にして、環境の権利・保護以下、9項目を採択している憲法の条文を一覧にした。これら9項目のうち、日本国憲法で明文化されているのは、平和条項のみである。その他の条項について、たとえば環境条項は、99か国の憲法（95・2％）で採択されている。環境問題の重要性を、憲法に反映させようとしている顕著な動向が読みとれる。また、政党条項や憲法改正以外の国民投票制度も、ほぼ90％の国の憲法に編入されている。政党は、統治構造上、不可欠の存在であること、国民投票は主権意思の直接的な表明手段として用いられる傾向にある。

プライバシーの権利や家族の保護（形成を含む）規定も、８割を超える国の憲法に組み込まれている。なお、プライバシーの権利として、文字通り、「プライバシーの保護」を明記しているもののほか、公機関が所有する自己および家族の情報にアクセスする権利を含めた。また、知る権利を「国民が公機関の得ている情報にアクセスし、または情報を取得する権利」ととらえた。われわれは、このような世界の憲法動向にも目配りをして、憲法を論じていく必要があろう。

ここでも一言、付言しておけば（そして何度も唱えてきたことだが）、世界各国では、平和条項と国防、国家緊急事態対処条項とは不可分な関係にある条項として取り扱っていることである。

表４―１は、表４―２を簡潔にまとめたものである。参考に供したい。

本表の再作成に関して、遺漏なきを期したつもりであるが、見落としや思わぬミスのあることが予想される。たえず見直しをおこない、完成度の高いものであることにしていきたい。

| | |
|---|---|
| 11 | 赤道ギニア |
| 11 | マケドニア |
| 12 | ルーマニア |
| 12 | スロベニア |
| 1992.1 | モンゴル |
| 2 | マリ |
| 4 | ガーナ |
| 4 | ベトナム |
| 6 | パラグアイ |
| 7 | エストニア |
| 9 | カーボベルデ |
| 9 | ジブチ |
| 9 | スロバキア |
| 10 | リトアニア |
| 10 | トーゴ |
| 12 | チェコ |
| 12 | ウズベキスタン |
| 1993.3 | アンドラ |
| 3 | レソト |
| 6 | セイシェル |
| 9 | カンボジア |
| 12 | ロシア |
| 12 | ペルー |
| 1994.3 | ベラルーシ |
| 5 | マラウィ |
| 7 | モルドバ |
| 8 | アルゼンチン |
| 8 | エチオピア |
| 11 | タジキスタン |
| 1995.7 | アルメニア |
| 8 | ジョージア |
| 8 | カザフスタン |
| 9 | ウガンダ |
| 11 | ボスニア・ヘルツェゴビナ |
| 11 | アゼルバイジャン |
| 1996.4 | チャド |
| 6 | ウクライナ |
| 8 | ガンビア |
| 11 | オマーン |
| 12 | 南アフリカ |
| 1997.5 | エリトリア |
| 5 | ポーランド |
| 1998.9 | 北朝鮮 |
| 11 | アルバニア |
| 1999.4 | スイス |
| 5 | ナイジェリア |
| 6 | フィンランド |
| 12 | ベネズエラ |
| 2001.1 | セネガル |
| 12 | コモロ |
| 2002.2 | バーレーン |
| 3 | 東チモール |
| 2003.4 | カタール |
| 5 | ルワンダ |
| 2004.1 | アフガニスタン |
| 11 | モザンビーク |
| 2005.2 | ブルンジ |
| 7 | エスワティニ |
| 10 | イラク |
| 2006.2 | コンゴ民主共和国 |
| 9 | セルビア |
| 2007.10 | モンテネグロ |
| 2008.5 | ミャンマー |
| 6 | コソボ |
| 7 | ブータン |
| 8 | モルディブ |
| 10 | エクアドル |
| 2009.1 | ボリビア |
| 2010.1 | アンゴラ |
| 5 | ギニア |
| 6 | キルギス |
| 8 | ケニア |
| 10 | ニジェール |
| 12 | マダガスカル |
| 2011.4 | ハンガリー |
| 7 | 南スーダン |
| 7 | モロッコ |
| 2012.2 | シリア |
| 8 | ソマリア |
| 2013.5 | ジンバブエ |
| 9 | フィジー |
| 2014.1 | エジプト |
| 1 | チュニジア |
| 2015.6 | ドミニカ共和国 |
| 9 | ネパール |
| 10 | コンゴ共和国 |
| 2016.3 | 中央アフリカ |
| 9 | トルクメニスタン |
| 11 | コートジボアール |
| 2017.4 | タイ |
| 2019.2 | キューバ |
| 8 | スーダン(暫定) |

以上、成典化憲法国(189か国)

非成典化憲法国:イギリス、ニュージーランド、サウジアラビア、イスラエル、サンマリノ、バチカン(6か国)

恒久憲法未制定(内戦中):リビア(1か国)

2019年8月末日現在(駒澤大学名誉教授　西 修作成)

表1

## 世界の現行憲法一覧(年代順)

| | |
|---|---|
| 1787.9 | アメリカ |
| 1814.5 | ノルウェー |
| 1831.2 | ベルギー |
| 1868.10 | ルクセンブルク |
| 1900.7 | オーストラリア |
| 1917.2 | メキシコ |
| 1920.10 | オーストリア |
| 1921.10 | リヒテンシュタイン |
| 1922.11 | ラトビア |
| 1926.5 | レバノン |
| 1937.12 | アイルランド |
| 1944.6 | アイスランド |
| 1945.8 | インドネシア |
| 1946.11 | 日　本 |
| 1947.1 | 中華民国(台湾) |
| 12 | イタリア |
| 1949.5 | ドイツ |
| 11 | コスタリカ |
| 11 | インド |
| 1952.1 | ヨルダン |
| 1953.6 | デンマーク |
| 1957.8 | マレーシア |
| 1958.10 | フランス |
| 1959.10 | ブルネイ |
| 1960.8 | キプロス |
| 1962.1 | サモア |
| 8 | ジャマイカ |
| 11 | クウェート |
| 12 | モナコ |
| 1963.9 | シンガポール |
| 1964.9 | マルタ |
| 1966.9 | ボツワナ |
| 11 | バルバドス |
| 11 | ウルグアイ |
| 1968.1 | ナウル |
| 3 | モーリシャス |
| 1971.12 | アラブ首長国連邦 |
| 1972.6 | カメルーン |
| 10 | パナマ |
| 12 | バングラデシュ |
| 1973.7 | バハマ |
| 8 | パキスタン |
| 12 | グレナダ |
| 1974.2 | スウェーデン |
| 9 | パプア・ニューギニア |
| 11 | サントメ・プリンシペ |
| 1975.6 | ギリシャ |
| 1976.4 | ポルトガル |
| 8 | トリニダード・トバゴ |
| 1977.4 | タンザニア |
| 1978.7 | ソロモン諸島 |
| 9 | スリランカ |
| 11 | ドミニカ国 |
| 12 | スペイン |
| 1979.2 | セントルシア |
| 5 | マーシャル |
| 7 | キリバス |
| 10 | セントビンセントおよびグレナディーン諸島 |
| 10 | イラン |
| 1980.7 | バヌアツ |
| 9 | チリ |
| 10 | ガイアナ |
| 1981.1 | ミクロネシア |
| 1 | パラオ |
| 9 | ベリーズ |
| 11 | アンチグア・バーブーダ |
| 1982.1 | ホンジュラス |
| 11 | トルコ |
| 12 | 中華人民共和国 |
| 12 | カナダ(1867年憲法も) |
| 1983.2 | オランダ |
| 5 | セントクリストファー・ネイビス |
| 12 | エルサルバドル |
| 1984.5 | ギニアビサウ |
| 7 | リベリア |
| 1985.5 | グアテマラ |
| 1986.9 | ツバル |
| 1987.1 | ニカラグア |
| 2 | フィリピン |
| 3 | ハイチ |
| 10 | スリナム |
| 10 | 韓国 |
| 1988.10 | ブラジル |
| 1988.12 | トンガ |
| 1989.2 | アルジェリア |
| 1990.2 | ナミビア |
| 12 | クロアチア |
| 12 | ベナン |
| 1991.3 | ガボン |
| 5 | イエメン |
| 6 | ブルキナファソ |
| 7 | モーリタニア |
| 7 | コロンビア |
| 7 | ブルガリア |
| 8 | ラオス |
| 8 | ザンビア |
| 9 | シエラレオネ |

表2

## 各国憲法の制定年(~1940年代)と改正の実際

| 国　　名 | 制定年 | 改正の実際 |
|---|---|---|
| アメリカ | 1787年 | 1992年5月までに**18回**、27か条の追補 |
| ノルウェー | 1814年 | 頻繁(**400回以上**とも、近年改正2014年<大改正>、16年、18年) |
| ベルギー | 1831年 | 頻繁(1994年2月以降2017年10月までに**30回**改正) |
| ルクセンブルク | 1868年 | 2016年10月までに**35回**改正 |
| オーストラリア | 1901年 | 1977年7月までに**8回**改正 |
| メキシコ | 1917年 | 2017年2月までに**225回**改正(のべ687か条) |
| オーストリア | 1920年 | 頻繁(近年改正2016年、17年、18年) |
| リヒテンシュタイン | 1921年 | 2011年末までに**33回**改正 |
| ラトビア | 1922年 | 2018年10月までに**15回**改正 |
| レバノン | 1926年 | 2004年9月までに**11回**改正 |
| アイルランド | 1937年 | 2019年6月までに**32回**改正 |
| アイスランド | 1944年 | 2013年末までに**8回**改正(12年10月に民衆発案の新憲法草案が国民投票で64%の支持を得るも成就せず) |
| インドネシア | 1945年 | 1959年に復活、2002年8月までに4回改正(のべ71か条) |
| 日　本 | 1946年 | **無改正** |
| 中華民国(台湾) | 1947年 | 2005年6月までに**7回**改正(うち1回は無効判決) |
| イタリア | 1947年 | 2012年4月までに**20回**改正(のべ49か条) |
| ドイツ | 1949年 | 2019年3月までに**63回**改正 |
| コスタリカ | 1949年 | 頻繁(近年改正2015年) |
| インド | 1949年 | 2019年1月までに**103回**改正 |

【参考】

＊**フランス**(1958年)は、2008年7月までに**24**回改正。08年7月の改正は全条文の約半分の47か条に及ぶ大幅なもの。

＊**スイス**は、2000年1月1日に新憲法が施行されたが、19年3月までに**36**回改正。旧憲法は1874年に制定、1999年までに約**140**回改正。

＊**フィンランド**は、2000年3月1日に新憲法が施行されたが、18年10月までに**4**回改正。

＊**日本国憲法は、世界の成典化憲法保有189か国中、古い方から14番目、無改正。**

2019年8月末日現在(駒澤大学名誉教授 西 修作成)

表3

| 平和条項の態様と採用国 | |
|---|---|
| ① 平和政策の推進<br>（平和を国家目標に設定している国などを含む） | アルバニア、インドネシア、シリアなど |
| ② 国際協和<br>（国連憲章、世界人権宣言の遵守、平和的共存などを含む） | ハンガリー、ミャンマー、マダガスカルなど |
| ③ 内政不干渉 | ブラジル、中国、タイなど |
| ④ 非同盟政策 | アンゴラ、モザンビーク、ナミビアなど |
| ⑤ 中立政策 | オーストリア、スイス、トルクメニスタンなど |
| ⑥ 軍縮 | バングラデシュ、カーボベルデ、東チモールなど |
| ⑦ 国際組織への参加ないし国家権力の一部委譲 | デンマーク、ドイツ、ニジェールなど |
| ⑧ 国際紛争の平和的解決 | アルジェリア、ブータン、ニカラグアなど |
| ⑨ 侵略戦争の否認 | フランス、ドイツ、韓国など |
| ⑩ テロ行為の排除 | スペイン、ブラジル、チリなど |
| ⑪ 国際紛争を解決する手段としての戦争放棄 | アゼルバイジャン、エクアドル、イタリア、ボリビア、日本 |
| ⑫ 国家政策を遂行する手段としての戦争放棄 | フィリピン |
| ⑬ 外国軍隊の通過禁止・外国軍事基地の非設置 | ベルギー、モンゴル、フィリピンなど |
| ⑭ 核兵器（生物兵器、化学兵器も含む）の禁止・排除 | カンボジア、コロンビア、パラオなど |
| ⑮（自衛以外の）軍隊の不保持 | コスタリカ、パナマ |
| ⑯ 軍隊の行動に対する規制<br>（シビリアンコントロールを含む） | パプア・ニューギニア、南アフリカ、ソマリアなど |
| ⑰ 戦争の宣伝（煽動）行為の禁止 | クロアチア、リトアニア、タジキスタンなど |

＊1項目でも規定のある成典化憲法国　189か国中161か国（85.2％）

2019年8月末日現在（駒澤大学名誉教授　西 修作成）

表4-1

| 1990年以降に制定された各国憲法(104か国)の動向<br>—— 新しい権利、平和、国家緊急事態対処条項などを中心に —— | |
|---|---|
| (1) 環境の権利・保護 | クロアチア、ナミビア、キューバなど<br>**99か国** (95.2%) |
| (2) プライバシーの権利 | ポーランド、ウクライナ、アンドラなど<br>**87か国** (83.7%) |
| (3) 知る権利 | アルバニア、キルギス、ボリビアなど<br>**75か国** (72.1%) |
| (4) 家族の保護 | アルメニア、ニジェール、モンゴルなど<br>**87か国** (83.7%) |
| (5) 政党 | スロバキア、リトアニア、コロンビアなど<br>**91か国** (87.5%) |
| (6) 国民投票<br>(憲法改正を含まず) | エストニア、チュニジア、エクアドルなど<br>**93か国** (89.4%) |
| (7) 平和 | 東チモール、コソボ、イラクなど<br>**102か国** (98.1%) |
| (8) 憲法裁判所 | ルーマニア、モンゴル、ジョージアなど<br>**66か国** (63.5%) |
| (9) 国家緊急事態対処 | スイス、フィンランド、ロシアなど<br>**104か国** (100%) |

＊多くの国に国防・兵役の義務規定あり

2019年8月末日現在(駒澤大学名誉教授 西 修作成)

表4-2

## 1990年以降に制定された各国憲法の動向

### ――新しい権利、平和、国家緊急事態対処条項などを中心に――

| 国名(憲法年) | 環境の権利・保護 | プライバシー | 知る権利 | 家族の保護 | 政 党 | 国民投票 | 平 和 | 憲法裁判所 | 国家緊急事態対処 |
|---|---|---|---|---|---|---|---|---|---|
| ナミビア(90.2) | (95) | (13) | — | (14) | (17) | (63) | (96) | — | (26) |
| クロアチア(90.12) | (69) | (35) | (38) | (61) | (6) | (87) | (3) | (122) | (101) |
| ベナン(90.12) | (27) | — | — | (26) | (5) | (58) | (148) | (114) | (101) |
| ガボン(91.3) | (1) | — | — | (1) | (1) | (18) | (前文) | (83) | (25) |
| イエメン(91.5) | (35) | — | — | (26) | (5) | (119) | (6) | — | (119) |
| ブルキナファソ(91.6) | (29) | (6) | (8) | (23) | (13) | (49) | (前文) | (152) | (58) |
| モーリタニア(91.7) | — | (13) | — | (16) | (11) | (38) | (前文) | (81) | (39) |
| コロンビア(91.7) | (79) | (15) | (74) | (42) | (107) | (103) | (81) | (239) | (212) |
| ブルガリア(91.7) | (14) | (32) | (41) | (14) | (11) | (84) | (前文) | (147) | (57) |
| ラオス(91.8) | (17) | — | — | — | — | — | (12) | — | (67) |
| ザンビア(91.8) | (43) | (17) | — | (前文) | (21) | (43) | (100) | (127) | (30) |
| シエラレオネ(91.9) | — | (22) | (25) | (15) | (35) | (37) | (10) | — | (29) |
| 赤道ギニア(91.11) | (6) | (13) | — | (5) | (9) | (34) | (1,4) | (101) | (43) |
| マケドニア(91.11) | (43) | (25) | (16) | (40) | (20) | (74) | (前文) | (108) | (125) |
| ルーマニア(91.12) | (135) | (26) | (31) | (26) | (8) | (90) | (30) | (142) | (93) |
| スロベニア(91.12) | (72) | (35) | (39) | (55) | (133) | (90) | (63) | (160) | (92) |
| モンゴル(92.1) | (16) | (16) | (16) | (16) | (16) | (25) | (4) | (64) | (33) |
| マリ(92.2) | (15) | (6) | (7) | (6) | (28) | (41) | (前文) | (85) | (72) |
| ガーナ(92.4) | (36) | (18) | (21) | — | (21) | (42) | (前文) | — | (31) |
| ベトナム(92.4) | (43) | (21) | (25) | (36) | — | (29) | (12) | — | (70) |

| 国名(憲法年) | 環境の権利・保護 | プライバシー | 知る権利 | 家族の保護 | 政 党 | 国民投票 | 平 和 | 憲法裁判所 | 国家緊急事態対処 |
|---|---|---|---|---|---|---|---|---|---|
| パラグアイ(92.6) | (7) | (33) | (28) | (50) | (125) | (121) | (143) | — | (288) |
| エストニア(92.7) | (34) | (26) | (44) | (27) | (48) | (65) | (前文) | — | (87) |
| カーボベルデ(92.9) | (70) | (38) | (43) | (84) | (56) | (108) | (10) | — | (147) |
| ジブチ(92.9) | — | — | — | — | (6) | (33) | (9) | (75) | (61) |
| スロバキア(92.9) | (44) | (19) | (26) | — | (29) | (93) | (前文) | (124) | (102) |
| リトアニア(92.10) | (54) | (22) | (25) | (38) | (35) | (9) | (135) | (102) | (84) |
| トーゴ(92.10) | (41) | (28) | — | (31) | (6) | (4) | (前文) | (99) | (94) |
| チェコ(92.12) | (35) | (7) | (17) | (32) | (20) | (付則C) | (前文) | (83) | (2) |
| ウズベキスタン(92.12) | (55) | (27) | (30) | (63) | (34) | (9) | (17) | (107) | (93) |
| アンドラ(93.3) | (31) | (14) | — | (13) | (26) | (76) | (前文) | (95) | (42) |
| レソト(93.3) | (36) | (11) | (14) | — | — | (84B) | (146) | — | (21) |
| セイシェル(93.6) | (38) | (20) | (28) | (32) | (84) | (164) | (前文) | — | (41) |
| カンボジア(93.9) | (59) | (40) | — | — | (42) | — | (53) | (136) | (86) |
| ロシア(93.12) | (72) | (23) | (24) | (38) | (13) | (84) | (79) | (125) | (88) |
| ペルー(93.12) | (67) | (2) | (2) | (6) | (35) | (32) | (169) | (201) | (137) |
| ベラルーシ(94.3) | (46) | (28) | (34) | — | — | (74) | (18) | (116) | (63) |
| マラウィ(94.5) | (13) | (21) | (37) | (22) | (40) | (89) | (13) | — | (45) |
| モルドバ(94.7) | (37) | (28) | (34) | (48) | (41) | (75) | (11) | (134) | (66) |
| アルゼンチン(94.8) | (41) | (19) | — | — | (38) | (40) | (27) | — | (99) |
| エチオピア(94.8) | (44) | (26) | (29) | (34) | (56) | (39) | (86) | — | (93) |
| タジキスタン(94.11) | (38) | (23) | (25) | (33) | (28) | (69) | (11) | (84) | (47) |
| アルメニア(95.7) | (12) | (31) | (34) | (16) | (8) | (103) | (9) | (163) | (76) |
| ジョージア(95.8) | (37) | (20) | (41) | (36) | (26) | (74) | (前文) | (88) | (46) |

| | | | | | | | | | |
|---|---|---|---|---|---|---|---|---|---|
| カザフスタン(95.8) | (31) | (18) | (20) | (27) | (5) | (44) | (8) | (71) | (44) |
| ウガンダ(95.9) | (39) | (27) | (41) | (19) | (71) | (74) | (28) | — | (46) |
| ボスニア・ヘルツェゴビナ(95.11) | — | (2) | — | (2) | — | — | (前文) | (4) | (2) |
| アゼルバイジャン(95.11) | (39) | (32) | (50) | (17) | (58) | (3) | (9) | (130) | (109) |
| チャド(96.4) | (47) | (45) | — | (37) | (4) | (82) | (218) | (159) | (87) |
| ウクライナ(96.6) | (16) | (32) | (32) | (51) | (36) | (72) | (17) | (147) | (64) |
| ガンビア(96.8) | (220) | (23) | — | (27) | (60) | (63) | (219) | — | (34) |
| オマーン(96.11) | (12) | — | — | — | — | — | (10) | — | (42) |
| 南アフリカ(96.12) | (24) | (14) | (32) | — | (19) | (84) | (16) | (166) | (37) |
| エリトリア(97.5) | (8) | (18) | (19) | (22) | — | — | (13) | — | (67) |
| ポーランド(97.5) | (5) | (47) | (61) | (18) | (11) | (125) | (90) | (188) | (228) |
| 北朝鮮(98.9) | (57) | — | — | (78) | (67) | — | (17) | — | (103) |
| アルバニア(98.11) | (56) | (35) | (23) | (53) | (9) | (150) | (12) | (124) | (170) |
| スイス(99.4) | (73) | (13) | (16) | (14) | (137) | (136) | (54) | — | (185) |
| ナイジェリア(99.5) | (20) | (37) | — | (17) | (40) | — | (前文) | — | (45) |
| フィンランド(99.6) | (20) | (10) | (12) | — | — | (53) | (1) | — | (23) |
| ベネズエラ(99.12) | (127) | (60) | (28) | (76) | (67) | (71) | (57) | — | (337) |
| セネガル(01.1) | (8) | — | (8) | (17) | (4) | (51) | (96) | (88) | (52) |
| コモロ(01.12) | (前文) | — | — | — | (6) | (3) | (前文) | (36) | (12) |
| バーレーン(02.2) | (9) | — | — | (5) | — | (43) | (36) | (106) | (36) |
| 東チモール(02.3) | (6) | (36) | (40) | (39) | (46) | (66) | (8) | — | (25) |
| カタール(03.4) | (33) | (37) | — | (21) | — | (75) | (7) | — | (69) |
| ルワンダ(03.5) | (22) | (23) | (38) | (18) | (54) | (107) | (前文) | — | (136) |
| アフガニスタン(04.1) | (前文) | — | (50) | (54) | (35) | (65) | (8) | — | (143) |

| 国名(憲法年) | 環境の権利・保護 | プライバシー | 知る権利 | 家族の保護 | 政 党 | 国民投票 | 平 和 | 憲法裁判所 | 国家緊急事態対処 |
|---|---|---|---|---|---|---|---|---|---|
| モザンビーク(04.11) | (90) | (41) | (71) | (105) | (53) | (136) | (17) | (241) | (161) |
| ブルンジ(05.2) | (35) | (43) | — | (30) | (76) | (198) | (前文) | (225) | (115) |
| エスワティニ(05.7) | (60) | (14) | — | (27) | — | (64) | (61) | — | (36) |
| イラク(05.10) | (33) | (17) | — | (29) | (39) | (4) | (8) | — | (61) |
| コンゴ民主(06.2) | (53) | (31) | — | (40) | (6) | (5) | (217) | (149) | (144) |
| セルビア(06.9) | (74) | (42) | (51) | (63) | (5) | (108) | (141) | (166) | (200) |
| モンテネグロ(07.10) | (23) | (40) | (51) | (72) | (54) | (93) | (15) | (149) | (82) |
| ミャンマー(08.5) | (45) | (357) | — | — | (406) | — | (前文) | (293) | (40) |
| コソボ(08.6) | (7) | (36) | (41) | (37) | — | (65) | (前文) | (112) | (131) |
| ブータン(08.7) | (5) | (7) | (7) | (9) | (15) | (34) | (9) | — | (33) |
| モルディブ(08.8) | (22) | (24) | (61) | (34) | (30) | (70) | — | — | (253) |
| エクアドル(08.10) | (14) | (66) | (18) | (67) | (61) | (104) | (416) | (429) | (164) |
| ボリビア(09.1) | (33) | (21) | (106) | (62) | (26) | (11) | (10) | (190) | (137) |
| アンゴラ(10.1) | (39) | (32) | (40) | (35) | (7) | (168) | (12) | (180) | (173) |
| ギニア(10.5) | (16) | (12) | (7) | (18) | (3) | (51) | (前文) | (93) | (90) |
| キルギス(10.6) | (48) | (29) | (33) | (36) | (4) | — | (14) | — | (15) |
| ケニア(10.8) | (42) | (31) | (35) | (45) | (38) | (88) | (前文) | — | (58) |
| ニジェール(10.10) | (35) | — | (31) | (21) | (9) | (60) | (172) | (120) | (67) |
| マダガスカル(10.12) | (前文) | — | (11) | (20) | (14) | (55) | (前文) | (114) | (61) |
| ハンガリー(11.4) | (XXI) | (VI) | (VI) | (L) | (VIII) | (8) | (前文) | (24) | (48) |
| 南スーダン(11.7) | (41) | (22) | (32) | (15) | (25) | (195) | (43) | — | (189) |
| モロッコ(11.7) | (31) | (24) | (27) | (32) | (7) | (2) | (前文) | (129) | (59) |
| シリア(12.2) | (27) | (36) | — | (20) | (8) | (116) | (前文) | (140) | (103) |

| | | | | | | | | | |
|---|---|---|---|---|---|---|---|---|---|
| ソマリア(12.8) | (25) | — | (32) | — | (16) | (141) | (127) | (108) | (131) |
| ジンバブエ(13.5) | (73) | (57) | (62) | (25) | (67) | (67) | (前文) | (166) | (87) |
| フィジー(13.9) | (40) | (24) | (25) | — | (23) | — | — | — | (154) |
| エジプト(14.1) | (46) | (57) | (68) | (10) | (74) | (157) | (前文) | (191) | (154) |
| チュニジア(14.1) | (45) | (24) | (32) | (7) | (35) | (82) | (前文) | (118) | (77) |
| ドミニカ共和国(15.6) | (66) | (44) | (44) | (55) | (216) | (22) | (26) | (184) | (262) |
| ネパール(15.9) | (30) | (28) | (27) | — | (17) | (275) | (51) | — | (130) |
| コンゴ共和国(15.10) | (41) | — | (25) | (38) | (58) | (87) | (前文) | (175) | (93) |
| 中央アフリカ(16.3) | (80) | — | — | (7) | (14) | (90) | (前文) | (95) | (43) |
| トルクメニスタン(16.9) | (15) | (37) | (42) | (40) | (44) | (71) | (前文) | — | (65) |
| コートジボアール(16.11) | (前文) | — | (18) | (31) | (25) | (75) | (前文) | (126) | (73) |
| タイ(17.4) | (57) | (32) | (41) | — | (45) | (166) | (66) | (200) | (30) |
| キューバ(19.2) | (75) | (48) | (53) | (81) | — | (80) | (16) | — | (222) |
| スーダン〈暫定〉(19.8) | — | (54) | (56) | (54) | (57) | — | (67) | (30) | (39) |
| 合計　104か国 | 99か国 | 87か国 | 75か国 | 87か国 | 91か国 | 93か国 | 102か国 | 66か国 | 104か国 |
| | (95.2%) | (83.7%) | (72.1%) | (83.7%) | (87.5%) | (89.4%) | (98.1%) | (63.5%) | (100%) |

注(1)かっこ内は条文を意味する。(2)国民投票は、憲法改正のための手続きを除外したものである。(3)各項目に複数の条文が存在するときは、スペースの関係から、関連の1条文のみを記載した。

※表1～4に関する主要参考資料
*Constitutions of the Countries of the World,* Oceana Publications.
*International Encyclopaedia of Laws, Constitutional Law,* Kluwer Law International.
*Comparative Constitutios Project,* https://comparativeconstitutionsproject.org/
*The Constitute Project,* https://www.constituteproject.org/
*HeinOnline's World Constitutions Illustrated: A 2017-2018, Update,* https://home.heinonline.org/
*Constitution Making & Constitutional Change,* https://constitutional-change.com
*The World Factbook,* Central Intelligence Agency, https://www.cia.gov/library/publications/the-world-factbook/
西 修『現代世界の憲法動向』(成文堂、2011年)、西 修『世界の憲法を知ろう』(海竜社、2016年)
2019年8月末現在(駒澤大学名誉教授　西 修作成)

# あとがき

２０１９（平成31）年2月5日、フジサンケイグループの第34回「正論大賞」を受賞する光栄に浴した（百地章・国士舘大学特任教授と共同受賞）。実は、２０１３（平成25）年には「正論大賞特別賞」を受賞しており（田久保忠衛・杏林大学名誉教授、佐瀬昌盛・防衛大学校名誉教授、大原康男・國學院大學教授、百地章・日本大学教授と共同受賞）、私は、〝卒業〟したものとばかり思っていたので、望外の喜びであった。

本書は、私が雑誌『正論』と産経新聞「正論」欄に寄稿した論稿のうち計24点を所載、編纂したものである。いわば私の憲法論のエッセンスがつまっているといえる。また、書き下ろしとして、これまでに私が作成、発表してきた世界の憲法動向に関するデータの最新版を加えた。私の苦心の一端をご照覧いただきたい。

私が雑誌『正論』にデビューしたのは、「徴兵制は苦役か　世界各国憲法にみる兵役の規定」においてである（1981年6月号、本書「特別収録・私の原点」に所収）。いまから38年も前になる。

自衛隊制服組の最高幹部、竹田五郎・統合幕僚会議議長が、ある雑誌で政府解釈に疑義を呈した。いわく「政府は徴兵制違憲の根拠を憲法13条の個人としての権利の尊重規定と18条の奴隷的拘束及び意に反する苦役の禁止規定に求めているが、筋違いでしょう。ことに18条を根拠にすることは、自衛官が奴隷的隷従と苦役をやっているのかということになるわけで、国を守るという崇高な任務と次元が違うでしょう」（『宝石』1981年3月号）。この発言について、共産党などの野党から、自衛官が政府解釈を批判するのは文民統制に反するとして、国会で大きな問題となった。

私自身は、この竹田発言が当を得ていると感じた。いったい世界の憲法は、徴兵制をどのように位置づけているのか。この時点で施行されていた165か国の憲法を調査した。一つ一つの国の憲法条項を調べるのは大変だったが、得られた答えは、わが国のように、徴兵制を「意に反する苦役」またはそれと同義の「強制労働」に該当すると位置づけている憲法は皆無だということだった。拙論では、いまは消失してしまっている社会主義陣営諸国の憲法をも対象にしており、今昔の感がするが、各国憲法から共通して見えた点は、国民が一体となって国家を守ることの必要性、重要性が根底にあるということだった。この根底の共通認識は、こんにちでも変わっていないはずだ。

２０１９年1月に国際政治学者で、東京大学講師の三浦瑠璃氏が『21世紀の戦争と平和　徴兵制はなぜ再び必要とされるか』（新潮社）を刊行した。ポスト・冷戦後にあって、一度徴兵制を廃止したフランスとスウェーデンで徴兵制を復活した理由を模索しつつ、旧来の韓国、イスラエル、スイス、ノルウェーにおける徴兵制を詳細に分析している。「血のコスト」と「負担共有」という発想をキーにして、「国民の多数がより慎重で抑制的な態度を示すことを期待するというシナリオのもとで」（同書43頁）、徴兵制を考えていこうとしている。「戦後秩序が崩れようとしている現代の世界において、民主国家が平和を守っていくためには、国民が戦争を『我が事』として捉える仕組みがどうしても必要だ。実際、それは私たち自身のことなのだから」（同書２５８頁）という著者の立場は、国民共同体としての国民の戦争へのかかわり方を深く考えさせられる。著者の認識が少しでも多くの国民に共有されることを望みたい。おりから『中央公論』２０１９年9月号は「戦争をしないための新・軍事学」を特集し、「今、なぜ『徴兵制』を論じるのか」について、三浦瑠璃氏、苅部直・東京大学教授、渡辺靖・慶応大学教授3人に語らせている。激変する国際社会にあって、軍事を「他人事」と考えることのできない時代に突入している

**最近３国会における憲法審査会の開催時間**

2018 年通常国会（1 月 22 日～ 7 月 22 日）
　衆議院 7 分　参議院 2 分
2018 年臨時国会（10 月 24 日～ 12 月 10 日）
　衆議院 5 分　参議院 2 分
2019 年通常国会（1 月 28 日～ 6 月 26 日）
　衆議院 4 分（参考人質疑 2 時間 13 分）　参議院 2 分

ことは確かだ。

産経新聞の「正論」欄へのデビュー論稿は、２０１２（平成24）年２月14日付の「憲法改正原案を急ぎ、審査会に」である（本書１２２頁に所載）。そこで指摘したことは、憲法審査会の設置が07（平成19）年８月に決定されてから４年半にわたり、民主党などの消極姿勢によって、実質審議がまったくなされていないということの問題性である。それから７年半、すなわち設置の決定から12年を経過している現在にいたっても、いっこうに進展が見られない。

最近の国会における憲法審査会の開催時間は、上の表のようである。信じられないくらいの少ない開催時間である。

その主因は、民主党から立憲民主党に名前を変えた枝野幸男代表が率いる勢力の遅延作戦による。枝野代表は、独自の立憲主義を掲げているが、日本国憲法の最大の原則は国民主権である。その国民主権を具体的に行使する場が憲法改正の国民投票である。この国民投票の機会を奪うことは、立憲主義に違背する——それが道理というものであろう。

現行憲法の基本的な欠陥は、国民意思を問われないまま制定され、こんにちにいたっている点にある。それを是正するために、国民の負託を受けた国会議員が早急になすべきことは、憲法審査会において、論点を整理し、両院で総議員の3分の2以上の多数の賛成により、国民に提案することである。このことを私は、「正論」欄で何度も指摘してきた。いったいいつになったら、成熟した議論が国会でなされるのか。いま国会議員、そして政党が取り組むべきは、「国のかたち」のありようを描き、それに適合させる憲法条項を具体的に構築することである。国情に即した憲法の見直しをはかるという歴史的事業を推進することは、国会議員として大きな誇りを感じることができると思うのだが、私の感覚が間違っているのだろうか。

本書の序章に、第34回正論大賞受賞記念論文を掲載した。いわば私の体験的憲法論の大要といえる。大学院生のとき、大西邦敏先生の教えを受け、比較憲法研究の大切さを学んだ。それと同時に、宮澤俊義教授を頂点とする東京大学法学部系の憲法論に違和感をもった。東大系の憲法論が戦後憲法学の主流を占めてきたことは間違いない。しかしながら、その憲法論がいたって観念的、感覚的であることは否めない。

9条についてみれば、平和=非武装、戦力不保持と捉えることを優先させ、同条の解釈に結びつけている。

9条は、第1に国際法的な視点から把握しなければならない。そのことを指摘した憲法学者もいるが（たとえば、阪本昌成「武力行使違法化のなかの9条論」ジュリスト2007年5・1—5・15合併号）、19年7月に出版された国際政治学者で東京外国語大学の篠田英明教授による『憲法学の病』（新潮新書）は、とくにその点を強調している。宮澤俊義教授をはじめ、その系列にある長谷部恭男教授（東京大学教授をへて現在は早稲田大学教授）、石川健治・東京大学教授、木村草太・首都大学東京教授たちの憲法論について、特別の項目を設けて名指しで批判している。また同書の随所にわたり、宮澤教授の跡を継ぎ、東京大学法学部で憲法を講じ、その著（『憲法』（岩波書店、第7版、2019年）が司法試験、公務員試験の必読書となっている芦部信喜説の問題点を鋭くついている。東大法学部信仰に風穴をあけたという点で、篠田教授の言説は意義深い。

第2に、9条は比較憲法的視点を欠かせない。私の調査では、189の成典化憲法中、161の憲法典（85・2%）に平和条項が設けられている。1990年以降に制定された104の憲法典に限れば、102の憲法典（98・1%）に平和条項が設定されている。一方で、一定の人口をかかえている諸国の憲法のほとんどすべてに国防条項がおかれている。国家緊急事態対処条項もしかり。1990年以降に制定された104の憲法典についてみると、同条項を欠いている憲法典は皆無である。各国憲法は、平和と国防、国家緊急事態対処をセットとして設定しているのである。

日本国憲法9条1項は「国権の発動たる戦争」と「武力による威嚇又は武力の行使」は、「国際紛争を解決する手段としては、永久にこれを放棄する」と定めている。文言上、限定的な放棄であることが明記されている。

けれども、日本国憲法の平和主義をことさら重視し、戦争、武力行使の全面放棄とする解釈をほどこしたのが、宮澤教授である。「日本国憲法は、徹底的な平和主義に立脚し、その精神を徹底させるには、あらゆる戦争を放棄するところまで行かなくてはならない」というのが、同教授の主張である（宮澤俊義著、芦部信喜補訂『全訂 日本国憲法』日本評論社、163～165頁）。芦部教授は、前記自著で全面的戦争放棄説と自衛戦争容認説とを並列させつつ、自衛戦争容認説にいくつかの問題点があることを指摘し、全面戦争放棄説への誘導を試みている。芦部教授とともに、憲法学の講座を担当した小林直樹教授の言述は、明快である。「日本国憲法の独自な意義と『画期的な』性格は、まさにこのようなラディカルな戦争放棄の決意の規範化にあった、といわなくてはならない」（小林直樹『［新版］憲法講義（上）』東京大学出版会、1980年、193頁。傍点は小林）。さらにその後、憲法学教授として着任した樋口陽一氏も「日本国憲法が、『国際紛争を解決する手段としては』の文言に、あえて従来の意味を超える意味をもりこんだ、と解することは、許されないことではないであろう」と述べる（樋口陽一ほか著『憲法』青林書院、1994年、155頁）。こうして、宮澤教授およびその後釜をになった東大法学部憲法担当教授たちは、全面戦争放棄説をとった。そしてその学説は、憲法学界全体に大きな影響を及ぼしている。

この点について、世界の憲法を検証してみよう。9条1項のように、「国際紛争を解決する手段としての戦争（または武力行使）放棄」の明記は、現行憲法ではイタリア憲法（1947年、11条）、アゼルバイジャン憲法（1995年、9条）、エクアドル憲法（2008年、416条）、ボリビア憲法（2009年、10条）に見出すことができる。これらの国では、軍隊を設置し、なお国防ないし兵役の義務を定めている（イタリア憲法52条、アゼルバイジャン憲法76条、エクアドル憲法83条、ボリビア憲法108条）。これらの国にあって、「国際紛争を解決する手段としての戦争（または武力行使）放棄」は、1928年のパリ不戦条約（本書14頁囲み参照）の流れのなかで、あくまでも侵略戦争ないし侵略のための武力行使と把握しており、それが国際常識といえる。東大法学部の憲法学者たちと、少なくない日本の憲法学者たちの「井の中の蛙」ぶりが浮き彫りにされよう（諸国憲法の平和条項については、拙著『現代世界の憲法動向』成文堂、2011年、第1章「現代憲法と平和主義」を参照されたい）。

第3に、9条はその成立過程、なかんずく文民条項の導入経緯と不可分の関係にある。マッカーサー総司令部において、当初、自衛戦争をも放棄することが明文化されていたが、自衛のための武力行使が容認される形に修正された。帝国議会で、いわゆる芦田修正（2項冒頭に「前項の目的を達するため」が付加されたことを指す）によって、自衛のためであれば、戦力（軍隊）の保持が可能であると読みとれるようになった。このことが極東委員会で熱い議論を招き、戦力（軍隊）の保持を前提として、シビリアン・コントロールを貫徹させるために、文民条項（66条2項「内閣総理大臣その他の国務大臣は、文民でなければならない」）が貴族院の審議中に、強制的に導入された。本来ならば、この歴然たる事実をふまえて、9条が解釈されなければならない。けれども、いっこうにそれがおこなわれないできた。

9条解釈との関係で、なぜ文民条項の導入過程が広く議論されないか。思うに、それは政府、護憲派、改憲派のいずれにとっても、都合がよいからである。政府は、文民条項が導入される以前に、すでに帝国議会で「いかなる戦力の保持も許されない」とする答弁をしており、いまさら解釈を変更できない（自衛隊設置後は、自衛隊は自衛のための必要最小限度の実力組織であり、「戦力」ではないと解釈）。護憲派は、自衛戦力の保持は違憲であり、自衛戦力の保持をめざす改憲の動きに反対しなければならない。改憲派は、自衛戦力の保持が合憲であれば、改憲の旗を高く掲げることができない。

私は、議論が錯綜しているときは、成立経緯を精査し、事実（ファクト）と証拠（エビデンス）にもとづく解釈をとるべきだと思っている。それゆえ、文民条項の導入経緯にふれていない9条解釈は、欠陥解釈だと考える（詳細は拙著『日本国憲法成立過程の研究』成文堂、2004年、第1部「日本国憲法成立過程における極東委員会の役割と限界」、第2部「憲法9条の成立経緯」および拙著『証言でつづる日本国憲法の成立経緯』海竜社、2019年、第3編「文民条項はこうして生まれた」を参照されたい）。

第2章は、「『歴史の証人たち』が語る日本国憲法」というタイトルで、日本国憲法の成立に直接、間接にかかわった日米45人とのインタビュー記録（前掲『証言でつづる日本国憲法の成立経緯』）について、産経新聞記者の内藤慎二氏に問われるまま答えたものである。

2017年の春先、書庫代わりに使用しているマンションの押し入れに積まれている約

30本のカセット・テープ、大量のメモ類、書簡を眺め、これらを整理し、著書として残しておくことが、私の責務だと感じた。けれども30数年前のカセット・テープの劣化は激しく、早送り、巻き戻しをするとノリがはがれたりして、全部をCD化するのにずいぶん時間がかかった。それらをすべて聞き取り、話し手の意図を脚色することなく、わかりやすく文字化するのも一苦労だった。しかし、それだけの意義があったと確信している。詳細は同書をご覧いただきたいが、内藤氏によって、エッセンス中のエッセンスが引き出されている。ここに、3点のみを付加しておきたい。

第1点は、GHQ幹部と直《じか》に対応した終戦連絡中央事務局メンバー（当時の外務省の超エリート）たちの反応である。「押しつけ性」は否めない事実であり、基本原則は譲らなかったが、決して強圧的、居丈高《いたけだか》ではなかった。民政局次長で『マッカーサー草案』の作成、その後の日本側との交渉に際して中心的役割を演じたチャールズ・ケーディス大佐は理詰めで、こちらのいうことにも耳を傾けた。部下とわれわれとの間に意見の相違があったとき、われわれの意見に合理性があると判断すれば、部下を抑え込んだ。大東亜戦争中の日本軍の占領国に対する態度と違っていた。また国会改革などでも、民政局メンバーとは協力的に仕事をした。40年近くたっていたが、おたがいパートナーをたたえ合っていた。

第2点は、歴史の流れのなかで、それぞれがみずからの役目を果たそうとしたことである。私が印象に残ったのは、廃止が決定されている枢密院として何ができるかを考え、政府案が衆議院へ提出される前に、30か所にわたり文字の修正をおこなったことである。たとえば9条2項について、政府案では「陸海空軍その他の戦力の保持は、許されない。国の交戦権は、認められない」と受身形になっていたのを「陸海空軍その他の戦力は、これを保持してはならない。国の交戦権は、これを認めない」と能動態に改められた。これらの修正された文言を取りいれて、政府案が完成した。枢密院書記官長だった諸橋襄《のぼる》氏が私に「枢密院として直したい点はいっぱいありましたが、抑制的に字句の修正にとどめました」と淡々と語った。分を心得つつ、かたちとして残せたことの意義を体感していた。

第3に、憲法の記述がカタカナ・文語体から口語体・ひらがなへと変換された。そのことを提案したのが、内閣法制局の若き官僚だった。現在ではごくあたり前のことだが、当時は「文字革命」であり、「画期的」な転換であった。これには、保守的とされた閣僚たちも賛同した。提案した渡辺佳英《よしふさ》氏は、そこに「時代の転換点」を見たという。

第1章「間違いだらけの憲法論議」、第3章「9条への正論」および第4章「憲法改正を阻むもの」に所収した産経新聞「正論」欄掲載の各論稿は、私がいわんとすることをご理解いただけるであろう。新聞欄の定められた字数制限のなかで、簡潔性、トピック性、結論の明確性などを考慮しなければならず、舌足らずや重複のある点はお許しいただきたい。なお、これら論稿をはじめ、本書に収録した雑誌『正論』および産経新聞「正論」欄の論稿については、引用文に適宜、句読点を付したところがある。また、本書への収録にあたっては、かなづかいの統一、年次の明確化、前後の文脈の調整など技術的な修正のみにとどめたうえで、その後の状況にかんがみ、解説や追記で補遺するように努めた。

「特別収録・私の原点」に収めた論文「パール・ハーバーの傷跡は癒えたか」は、米国での出来事を取り扱っており、他の論稿との関係で、あるいは違和感をもたれるかもしれない。しかし、私にとっては、憲法問題であり、その背景や事実を探求したい、当事者や関係者に会って直接に意見を聞きたい、そのうえで問題の所在を確認したいという点で、軌を一にしている。

米国の標準的憲法書あるいは主要判例集には、必ずといってよいほどコレマツ事件（Fred Korematsu v. United States,323 U.S. 214（1944））が紹介されている。より詳細な判例集には、ヒラバヤシ事件（Gordon Kiyoshi Hirabayashi v. United States, 320 U.S. 81（1943））やヤスイ事件（Minoru Yasui v. United States,320 U.S. 115（1943））も所載されている。

私がコレマツ事件のことを知ったのは、大学院修士課程の英書講読でC. Herman Pritchett著“*The American Constitution*”(McGraw-Hill Book Company,1957)を読んだときである。その後、プリチェット教授とアメリカ政治学会(同教授は同学会の理事長職を務めた)でお会いする機会があり、同教授著“*The American Constitutional System*”2nd ed(McGraw-Hill Book Company,1967)の翻訳の承諾をいただいた(村田光堂、西修、竹花光範共訳『アメリカ憲法入門』成文堂、1972年)。同著で、教授はコレマツ事件に対する連邦最高裁判所の判決を厳しく批判している。「コレマツ事件において、その立ち退き計画の合憲性は、同海岸地域の日系住民が公共の安全にとって大きな危険となる見込みがあり、しかもその危険が重大かつさし迫ったものであるために、個々の日系人については、忠誠か不忠誠かを決定するための手続きをとる時間的余裕がなかったとの結論の下に、軍当局が不当であったとは言えないという理由で支持された。1944年の末にいたるまでは、西海岸地域の日系住民によるサボタージュの恐れは、全く根拠のないものであることが明確であったにもかかわらず、最高裁判所は、現実において、軍部の決定を拒否するために、再審理という貴重な特権を行使する努力を行わなかった」(翻訳書、100頁)。

そして、私は84年9月から約半年間、プリンストン大学で“*Comparative Constitutional Law*”の著者でもあるウォルター・マーフィ教授のもとで、比較憲法の研究にあてた。同教授は、プリチェット教授の直弟子である。軍人として50年6月に勃発した朝鮮戦争に従事、決死の攻撃を成功させ、英雄の称号を受けている。コレマツ事件にも多大の関心をいだき、何度か意見を交換した。

そんなことから、88年8月、ロナルド・レーガン大統領が戦時中に日系米国人に対して強制収容したことの誤りを認めて、一人あたり2万ドルの補償金を払うとの報道に私の目が引きつけられた。連邦議会では、日系人への謝罪が決議され、司法分野においても、違憲判断が確定されたという。かつて最高裁判所で主張を認められなかったコレマツ氏やヒラバヤシ氏はどんな感慨をいだいているだろうか。私の取材欲に火がついた。さっそく両氏に手紙を書き、インタビューすることができた。若くて、エネルギッシュだったのだなと懐かしく思われる。

ヒラバヤシ氏宅では、夫妻からもてなしを受け、当時の自身の行動と考え、逆転判決のきっかけといきさつなどを詳しく聴くことができた。

コレマツ氏宅では、夫妻に加えノーマン・ミネタ下院議員に迎えられて、非常に驚いた。ミネタ議員は当時から日系人のために多大の貢献をしていることで知られており、まさか同議員に会えるとは思っていなかったからである。コレマツ氏からは、自身をめぐる当時のさまざまのことが語られると同時に、合憲判断が覆され、司法府、行政府、立法府を動かしたことについて、ミネタ議員をはじめ多くの支援者のおかげであることに感謝の意が伝えられた。

そしてミネタ議員からは、議会での支援活動のみならず、支援の輪が広がっていった様子が語られた。実際、3世の弁護士たちが、まさに手弁当で手伝い、歴史的な決定を導くのにあずかって大きな力になった。

私は、40年以上をへても、合理性があれば、判断をいさぎよく覆すことができるという米国民主主義の懐の深さを知ることができた。

「特別収録・私の原点」の最後に収めた「世界の最新の憲法動向」は、全世界の憲法の制定年月を古い順に記載し、平和条項や1990年代以降における新憲法につき、項目ごとに再整理したものである。条文の探索に多大の時間を要した。

私は、法学部の憲法担当教員として、学説・判例の分析に十分な時間を割き、講義にのぞんできた。それと同時に、日本国憲法の成立過程と比較憲法の研究に力を注いできた。

本来、「憲法学」とは、憲法解釈、憲法史、憲法思想、比較憲法、憲法政策などを包摂する学問である。隣接領域として、国際法学、政治学、経済学、歴史学、哲学、社会学などがある。けれども、わが国にあっては、憲法解釈をもって、憲法学のすべてであるように把握され、ある事象が合憲か違憲かの判断をなすのが憲法学者の任務であり、それ以上深入りすることは、憲法学者の任務外であるとされてきた。いわば病状を診断することが憲法学者の役目であって、処方箋を書くのは憲法学者の任務外であると認識されてきた。そのような姿勢が、一般国民の憲法学者への期待に応えられないできたように思われる。

私は、処方箋を書くのも憲法学者の任務であると考える。今後も「憲法学」の研鑽《けんさん》に励み、令和の時代における憲法のありようを模索してまいりたい。ご支援、ご指導を賜りますよう。

この「あとがき」は、各章にやや細切れ的に記述されている論稿を、少しばかり学術的な視点をもふまえて補遺した。お役に立てれば幸いである。

本書の作成にあたり、産経新聞出版の編集諸氏にひとかたならぬお世話になった。ここに記して謝意を表させていただく。

２０１９（令和元）年10月

西　修

装丁　神長文夫＋柏田幸子
ＤＴＰ製作　佐藤敦子
写真提供　産経新聞社

**西 修**（にし・おさむ）

駒澤大学名誉教授。1940年、富山県生まれ。早稲田大学政治経済学部政治学科卒業。同大学院修士課程、博士課程修了。政治学博士、法学博士。専攻は憲法学、比較憲法学。メリーランド大学、プリンストン大学、エラスムス大学などで在外研究。第1次・第2次安倍内閣「安保法制懇」メンバー。2013年、第29回正論大賞特別賞受賞。19年、第34回正論大賞受賞。著書に『現代世界の憲法動向』『日本国憲法成立過程の研究』(以上、成文堂)、『日本国憲法を考える』『憲法改正の論点』（以上、文春新書）、『世界の憲法を知ろう』『証言でつづる日本国憲法の成立経緯』（以上、海竜社）など多数。趣味は落語で、芸名は「またも家楽大」。

---

# 憲法の正論

令和元年 11 月 3 日　第 1 刷発行

---

著　　者　西　修
発 行 者　皆川豪志
発 行 所　株式会社産経新聞出版
〒 100-8077 東京都千代田区大手町 1-7-2 産経新聞社 8 階
電話　03-3242-9930　FAX　03-3243-0573
発　　売　日本工業新聞社
電話　03-3243-0571（書籍営業）
印刷・製本　株式会社シナノ
電話　03-5911-3355

---


ISBN978-4-8191-1373-1　C0095

---